COSACNAIFY

FUNDACIÓN
CISNEROS
COLECCIÓN
PATRICIA
PHELPS DE
CISNEROS

— JESÚS SOTO

CONVERSA COM

— ARIEL JIMÉNEZ

TRADUÇÃO Vera Pereira

APRESENTAÇÃO

Em 2001, a Colección Patricia Phelps de Cisneros (CPPC) publicou a primeira versão de *Jesús Soto conversa com Ariel Jiménez*, dentro da série *Cuadernos*, dedicada a preservar o testemunho de artistas e intelectuais da América Latina. O livro foi consideravelmente ampliado para sua segunda edição, em 2005, na qual este volume se baseia.

A década que separa a primeira publicação desta aqui apresentada foi marcada por numerosas e significativas mudanças. Talvez a mais notável seja a crescente apreciação, em parâmetros internacionais, das contribuições de Soto e de outros artistas latino-americanos pioneiros na história da arte.

A CPPC e outras instituições semelhantes foram, ao mesmo tempo, testemunhas e promotoras dessas mudanças, organizando ou apoiando exposições, concedendo o empréstimo de obras, realizando seminários e publicações, sempre com a missão de desarticular os estereótipos que por tantos anos nublaram a percepção da arte e da cultura latino-americanas.

De origens profundamente venezuelanas, vindo de Ciudad Bolívar, no coração do país, Soto foi levado a Paris por sua incansável curiosidade, e de lá iniciou um vaivém entre Venezuela e França, que o tornou um ícone de uma arte objetiva e sugestiva, científica e poética, tudo ao mesmo tempo. Foi um exemplo vital para muitos artistas jovens que lutavam para escapar dos preconceitos folclóricos associados à América Latina, antes definida apenas como uma terra de conflito e exotismo. Soto representou um modelo progressista e otimista de uma América

Latina que podia dialogar sem restrições com o resto do mundo, e sua vida e obra foram prova de que isso era possível.

É preciso agradecer a Ariel Jiménez por sua cuidadosa edição e estabelecimento do texto definitivo para este volume. Jiménez e Soto se conheceram em 1977; nos anos 1980, Jiménez ocupou o cargo de assistente no estúdio do artista em Paris, e assim pôde ter uma perspectiva única sobre os aspectos filosóficos e práticos da obra de Soto. Foi em 1995 que eles começaram formalmente essas conversas, que continuaram com grande intensidade por anos a fio. Jiménez é considerado uma autoridade internacional no que se refere a Soto; além disso, nos últimos anos de vida do artista, foi nomeado diretor do Museo de Arte Moderno Jesús Soto, localizado na cidade natal do artista.

O testemunho contido neste livro é a mais completa e detalhada transcrição da obra de Soto, explicada nas próprias palavras de seu criador, proporcionando valiosa informação a estudantes e pesquisadores. Diante do crescente interesse em sua obra, e nas artes geométrica e cinética em geral, esperamos que o volume continue instruindo e inspirando um público cada vez mais numeroso, interessado no legado de Soto.

GABRIEL PÉREZ-BARREIRO

Diretor da Colección Patricia Phelps de Cisneros

JESÚS SOTO

CONVERSA COM

ARIEL JIMÉNEZ

A mais bela experiência que podemos ter é a do mistério. É a emoção fundamental que está na origem da verdadeira arte e da verdadeira ciência. Quem não o conhece, quem não é capaz de assombrar-se ou maravilhar-se, está morto e seus olhos se extinguiram.

A mim me parece que a função principal da arte e da ciência é despertar esse sentimento e mantê-lo vivo em todos aqueles que estejam dispostos a recebê-lo.

ALBERT EINSTEIN
Como vejo o mundo

—— ARIEL JIMÉNEZ Quando pensamos no que teria sido a Ciudad Bolívar[1] dos anos 1920, uma pequena capital regional ainda dominada pela paisagem, sem museus, sem atividade alguma que pudesse alimentar a vida intelectual de um jovem pintor, não podemos deixar de pensar na frase de Freud que descreve a atividade artística como um fato psicologicamente misterioso. De onde e por quais vias poderia surgir a vocação artística em um jovem criado num ambiente em que nada parecia favorecê-la? Que noção de arte podia ter um jovem na Ciudad Bolívar dos anos 1920?

—— JESÚS SOTO **Quando comecei a pensar em arte e a interessar-me pelos problemas da criação, encontrei muito pouco, na verdade quase nada, em Ciudad Bolívar. Havia um teatro, que foi destruído na época de Juan Vicente Gómez.[2] Cheguei a conhecê-lo quando criança, por volta dos meus quatro anos de idade, mas não me lembro de quando**

—— 1 Capital do estado de Bolívar, às margens do rio Orinoco, no sudeste da Venezuela.

—— 2 Juan Vicente Gómez (1857-1935), ditador venezuelano oriundo do estado de Táchira, nos Andes. Governou o país de 1908 a 1935. Criou a primeira rede de estradas de rodagem nacional e deu início à exploração industrial do petróleo.

o destruíram. Ali se realizavam espetáculos bem interessantes para um centro de dimensões tão limitadas. Montavam-se zarzuelas, faziam-se recitais e, de fato, havia certo movimento de caráter nacional e inclusive internacional. Ciudad Bolívar era então uma espécie de ponte entre a Europa e o interior do país, devido basicamente à exploração comercial de alguns produtos que hoje não têm mais relevância em nosso mercado, mas que, naquele tempo, eram importantes: as penas de garça, a sarrapia[3] e a borracha. Tudo isso passava pela cidade, que era um porto internacional de escoamento dessas mercadorias. Sempre pensei em Ciudad Bolívar como uma Manaus em miniatura, um lugar onde aconteciam coisas extraordinárias; por lá chegavam artistas vindos diretamente do estrangeiro, sem passar por Caracas. Era mais cômodo para eles entrar por Trinidad e subir o rio Orinoco em barcos do que ir até Caracas, pois não havia conexão por terra até a capital e, por mar, a viagem de navio levava uns quinze dias. Cheguei a subir num desses barcos e assim tive a oportunidade de conhecer cada um dos pequenos povoados ribeirinhos, entre Ciudad Bolívar e o porto de Maracaibo [1].[4]

3 Árvore emblemática da região que, no norte do Brasil, é chamada de cumaru. [N.T.]

4 Capital do estado de Zulia, localizada no extremo noroeste da Venezuela, à margem do lago de mesmo nome.

1 Ponte sobre o rio Orinoco, Ciudad Bolívar.

AJ O mesmo acontecia nas capitais regionais, como Puerto Cabello[5] e Maracaibo, que se ligavam ao exterior de modo relativamente independente da capital nacional.

JS Eram centros regionais bastante independentes de Caracas. Inclusive os jovens de Ciudad Bolívar que não podiam viajar para a Europa estudavam nas escolas particulares de Trinidad em vez de ir para Caracas. Muita gente

5 É o porto mais importante da costa venezuelana em volume de carga e por servir de porta de entrada à zona industrial do centro-norte do país. O porto e a cidade de mesmo nome se situam no chamado golfo Triste.

se formou assim antes do início da construção das rodovias que ligam Caracas a Ciudad Bolívar...

Soto ainda se recordava da construção dessas estradas que, pela primeira vez, durante o governo de Juan Vicente Gómez, permitiram estabelecer uma ligação regular com a capital do país.

— JS Aconteceu depois da Primeira Guerra Mundial. Eu era bem garoto ainda. Uma das minhas tias, que vivia com um oficial da guarnição encarregada de supervisionar a construção da estrada, levou-me para passar duas semanas com ela. Foi assim que pude visitar os presos políticos à noite. Eles me deixaram entrar porque eu era criança, e porque estava morando na casa de um dos chefes. Um guarda que tomava conta dos presos dormia na casa de meus tios. Foi ele que me acompanhou. Estou falando de um lugar chamado La Canoa, que fica entre El Tigre e Ciudad Bolívar. Mais tarde, soube que outro grupo de prisioneiros trabalhava perto do Valle de la Pascua, em Palenque.[6]

— AJ Suas memórias da infância remetem, sem dúvida, mais profundamente às experiências simples de um menino criado no meio rural de Ciudad Bolívar do que às de uma

6 Uma das ações mais cruéis da ditadura de Gómez consistia em obrigar os presos políticos, junto com outros condenados, a trabalhar em obras públicas, especialmente na construção de estradas nacionais, efetuada durante seu governo.

pessoa que tivesse vivido num ambiente cultural mais rico. Essa interação privilegiada com a natureza, que Alejandro Otero[7] chamou de "contato com a realidade elementar do mundo",[8] veio a marcá-lo com uma intensidade tão singular quanto as escassas leituras que nessa época ampliavam seu horizonte intelectual.

— JS Uma das experiências que recordo com grande entusiasmo não aconteceu em Ciudad Bolívar, mas justamente na casa de campo de minha tia, onde eu costumava passar as férias e onde morei algum tempo. Na casa dos meus primos, eu tinha de trabalhar como todo mundo. Cada um recebia uma tarefa, e eu fui designado para ser mensageiro. Montado num burro, tinha de ir de casa em casa, e me lembro de como me sentia maravilhado ao ver a vibração do ar através da reverberação do sol na terra. Não me cansava de ver aquilo, a massa vibrante flutuando no espaço e brilhando ao longo das estradas.

Também não me esqueço das alucinações visuais que me assaltaram certa vez quando estive doente. Isso aconteceu

— 7 Alejandro Otero (1921-90). Artista plástico venezuelano, natural do estado de Bolívar, fundador do grupo e da revista *Los Disidentes*, publicada em Paris (1950) por jovens artistas e intelectuais venezuelanos. Entre suas principais obras estão as séries *Cafeteras* (1947-51), *Coloritmos* (1955-60) e *Esculturas cívicas* (1968-90).

— 8 Citado na cronologia de Alexander López para o catálogo da exposição *Alejandro Otero*. Caracas: Museo de Arte Contemporáneo de Caracas, 1985, p. 12.

em casa. Tive uma crise de febre muito alta, provavelmente febre amarela, não sei. Certo é que a doença me fazia perceber coisas estranhíssimas, fascinantes, e que me proporcionavam grande prazer, a ponto de eu não querer melhorar para continuar a vê-las. Nessas visões, eu ficava observando uma pessoa que, de repente, encolhia até tornar-se um pequeno ponto luminoso. Aí, o ponto aumentava de tamanho e restabelecia a imagem original. Lembro-me disso tão claramente como se fosse hoje.

Outra experiência que jamais esqueci é a incrível destreza dos índios que pescavam com arco e flecha no rio Orinoco. Eles não apontavam diretamente para o peixe, em linha reta, mas lançavam as flechas no ar para alcançá-lo somente depois de terem descrito uma curva no espaço. Eu achava incrível que eles conseguissem acertar os alvos dessa maneira. Muitas experiências como essas me marcaram para sempre e é claro também que a leitura dos poucos livros que consegui encontrar em Ciudad Bolívar me deixou algumas das lembranças mais felizes da minha infância.

Lembro-me particularmente de uns contos japoneses vindos do Chile. Um deles narrava a história de um homem a quem tinham dito que encontraria a pedra filosofal numa praia, e que tudo o que ele tocasse com ela se transformaria em ouro. Logo o homem começou a recolher todas as pedras que achava na praia (eram milhares) e a tocá-las com seu anel de ferro. Ele repetiu esse gesto com uma infinidade de pedrinhas, mas não achou coisa alguma. Aos poucos, foi diminuindo o ritmo da busca até que passou a fazê-la esporadicamente e de maneira quase automática, certo de que não ia encontrar nada. Mas, certo dia, ao levantar-se de manhã, notou que seu anel era de ouro e compreendeu que, com toda certeza, o anel fora transformado por uma das pedras que havia recolhido e que inadvertidamente tinha jogado fora. Essa história me deixou muito impressionado, porque o homem tinha encontrado a pedra filosofal, mas o hábito o impedira de se dar conta dela. Não conseguira reconhecê-la. A metamorfose que tanto buscava acontecera de surpresa, mas ele tinha sido incapaz de percebê-la.

Soto não queria perder a ocasião de sua própria metamorfose...

— JS Outro conto tratava da experiência de um pescador que, certo dia, depois de mergulhar no mar, deparou-se, ao sair, com uma visão incrível: seu povoado havia desaparecido completamente, ninguém mais vivia lá. A desolação do lugar e o envelhecimento das pedras amontoadas pareciam indicar-lhe que, fora da água (onde ele pensava ter permanecido por alguns segundos), centenas, talvez milhares de anos haviam transcorrido. A imagem desse homem que se deparava com duas coordenadas temporais radicalmente distintas me deixou maluco e fixou-se para sempre em minha memória.

Ele também sentia viver entre duas coordenadas temporais radicalmente diferentes, entre a distante e prestigiosa história da Europa e o tempo sem história de seu país.

—— AJ Ao ouvir essas histórias da infância – a reverberação do sol nas estradas solitárias, as alucinações em que pessoas se tornavam pontos de luz, a transmutação da matéria e do tempo –, é impossível deixar de pensar no que viria a ser sua produção artística da maturidade, completamente dedicada à busca dessa "essência imaterial" do universo. Mais tarde, a teoria da relatividade, a ciência moderna iam legitimar no adulto as experiências do menino na solidão intemporal, sem história, de uma infância vivida no meio rural. Mas não foram essas as únicas leituras que deixaram uma impressão duradoura em você. No catálogo do Jeu de Paume,[9] Arnauld Pierre declara que você também leu a *Divina comédia*.

—— JS É verdade, li esse livro quando tinha doze ou treze anos. Eu subia numa árvore, nos fundos da minha casa, sozinho, para que ninguém me incomodasse ou caçoasse de mim. Quem me emprestou o livro foi uma das minhas tias. Lembro como se fosse hoje que me parecia uma grande injustiça Virgílio ficar numa espécie de limbo, sem poder entrar no paraíso por não ter sido batizado. Guardei na memória, sobretudo, a

9 Citado no catálogo da exposição individual de Jesús Soto organizada pela Galerie Nationale du Jeu de Paume, Paris, 1997, n.º 35.

sensação de angústia que ia crescendo à medida que se anunciava o encontro de Dante com Deus. Era uma angústia muito estranha, muito forte, que vinha do medo da imagem com que Deus poderia se apresentar. Como seria Deus? Como Dante o veria? A possibilidade de que Deus tivesse uma figura, que se parecesse com o Deus barbudo de Michelangelo, o Deus ameaçador que diz: "Você deve fazer tal coisa porque esta é minha vontade", me angustiava de tal maneira que até hoje, sessenta anos depois, me lembro nitidamente desse sentimento. Também me recordo do alívio que senti quando descobri que Deus era apenas luz, isto é, energia, e que não tinha nem forma nem corpo material. Foi um grande alívio... É claro que meu nível de cultura era extremamente modesto. Felizmente, Dante escreveu para que as pessoas humildes entendessem... e eu o compreendi como um camponês poderia fazê-lo.

Toda vez que Soto se referia à luz, apressava-se em especificar que luz também é energia. Isso porque, quando adulto, ele fez uma espécie de superposição de duas interpretações possíveis: a religiosa, derivada de suas leituras infantis de Dante, nas quais, de certo modo, a luz materializa uma imagem ideal de Deus, sua expressão sensível mais pura; e a interpretação científica, na qual a luz é apenas uma manifestação da energia, fonte e princípio de tudo o que existe. Em ambos os casos, a luz se converteria em um princípio explicativo e até legitimador. Embora não fosse religioso, as duas leituras atribuíam à luz um valor transcendental. Captá-la e de certa maneira produzi-la na pintura, realizar sua aparição real na obra, tornou-se para o adulto um objetivo plástico e uma dupla fonte de legitimação, simultaneamente metafísica (a palavra "religioso" o incomodava) e histórica.

—— AJ Entretanto, sua preocupação imediata era a pintura, a possibilidade e a necessidade de dar forma visível às coisas, ainda que suas possibilidades parecessem dramaticamente limitadas do ponto de vista técnico. Quais foram seus primeiros contatos com o mundo das imagens, e que ideia de pintura você tinha nessa época?

—— JS Nas paredes de casa, eu via algumas reproduções de Millet, como O *Angelus* ou um daqueles casais ao pôr do sol. Havia inclusive uma das virgens de Murillo. Em Ciudad Bolívar não tinha muita gente interessada nisso, mas vi em livros algumas reproduções do Renascimento, além dos pintores históricos da Venezuela, que me interessavam muito: Arturo Michelena,[10] Martín Tovar y Tovar,[11] Antonio Herrera

—— 10 Arturo Michelena (1863-98). Pintor acadêmico venezuelano, cuja produção está entre os mais importantes conjuntos iconográficos dedicados à independência nacional. Entre suas obras destaca-se *Miranda en la Carraca*, de 1896.

—— 11 Martín Tovar y Tovar (1827-1902). Pintor acadêmico, autor ao lado de Michelena de algumas das mais emblemáticas imagens da independência venezuelana. Sua obra mais significativa é, sem dúvida, a *Batalla de Carabobo* (1888), realizada por encomenda do governo nacional para o Salão Elíptico do Palácio Federal.

Toro[12] e o mais moderno de todos, Tito Salas.[13] Lembro-me de que estava muito interessado neles. Quando criança, eu gostava de estudá-los e copiá-los, mas em preto e branco, porque não dominava a técnica da cor. A primeira vez que vi um cavalete e uma paleta foi aos dezenove anos, quando fui para a Escuela de Artes Plásticas y Artes Aplicadas de Caracas.[14] Até então, só os tinha visto nas revistas e no cinema.

—— AJ Não é difícil imaginar a importância que deve ter tido o cinema, um mundo de imagens em movimento, para um jovem que desejava ser pintor e cujo conhecimento da arte se limitava a escassas reproduções vistas na casa materna, nos livros e nas revistas que chegavam do Chile e da Espanha e que, de um jeito ou de outro, lhe caíam nas mãos. De suas experiências com o universo do cinema, você se recorda, porém, de modo especial, do contato circunstancial com a cor.

—— 12 Antonio Herrera Toro (1857-1914). Outro dos grandes pintores acadêmicos venezuelanos que contribuíram para criar a iconografia da independência. Trabalhou para Tovar y Tovar na *Batalla de Carabobo*. Foi diretor da Academia de Bellas Artes de Caracas. Contra sua gestão como diretor, rebelaram-se os jovens artistas que fundaram o Círculo de Bellas Artes em 1912.

—— 13 Tito Salas (1887-1974). Pintor venezuelano, autor do maior e mais conhecido conjunto iconográfico sobre a vida de Simón Bolívar. Entre suas obras, destacam-se os conjuntos da Casa Natal de Simón Bolívar e do Panteão Nacional.

—— 14 Fundada em 1835, como Escuela de Desenho, mais tarde, durante o período de Guzmán Blanco, recebeu o nome de Academia de Bellas Artes, e, por fim, em 1936, transformou-se em Escuela de Artes Plásticas y Artes Aplicadas de Caracas.

— JS Nessa época havia três salas de cinema em funcionamento na cidade: América, Mundial e Real, todas do mesmo dono. Lá pelos meus dezesseis anos, aprendi a desenhar letras muito bem, e assim, quando o homem que fazia os letreiros se aposentou, me chamaram para ocupar a vaga. Eu era um rapazote, e receber o convite para o único trabalho remunerado para pintor que havia na cidade foi uma verdadeira diplomação. Trabalhava muito de dia e, à noite, pintava os cartazes. Às vezes, tinha de pintá-los de manhã, porque o dono não sabia que filme ia passar e só me informava às cinco horas da madrugada. Então eu tinha de começar a pintá-los a essa hora para que estivessem prontos às sete da manhã. Desenvolvi uma técnica e uma velocidade tão grandes que não consigo entender como podia fazer tantos cartazes em um período tão curto. E eram cartazes grandes, de um metro e meio. Eu ia pintando enquanto outra pessoa os retirava e os colocava de lado.

Eu também tinha um amigo que sabia fazer esfuminho; vi alguns desenhos dele usando essa técnica e lhe pedi que me ensinasse. O resultado foi maravilhoso, porque pude fazer o claro-escuro com todas as sutilezas possíveis. Eu também costumava ir ao cinema quase todas as noites, aproveitando a entrada grátis, e encontrava lá alguns amigos que ficavam me esperando para ver o que eu tinha pintado; isso me estimulava muito. Eu continuava a desenhar e aproveitava os cartazes do cinema para fazer mais do que me pediam. O dono do cinema me recriminava, dizendo que eu gastava muito pigmento e estava perdendo tempo inutilmente, quando a única coisa que ele queria era que eu pintasse os letreiros. Mas, no fundo, acho que ele gostava. De todo modo, aproveitei a experiência para aprender a usar a cor. Eram pigmentos em pó, muito bonitos, misturados com cola de amido, e assim aprendi a misturar as cores. O curioso é que as cores que eu usava todos os dias para pintar os cartazes – porque eram os pigmentos mais baratos – são as mesmas que continuo a usar em minha obra. Naquela época, eu usava muito o azul-cobalto, talvez um pouco mais azulado do que o que uso agora, e que era chamado de azul-marinho. Também usava o preto, o branco, o verde (aquele verde-oliva que você vê em minhas *Vibraciones*), o amarelo e, especialmente, a cor de tijolo, que era a mais barata de todas. Essas eram as cores disponíveis para meu trabalho cotidiano, e é possível que tenham ficado gravadas na minha retina. De todo modo, são essas as cores que funcionam melhor na minha pintura.

—— AJ Dada a escassez de imagens que pudessem alimentar seu apetite de jovem pintor, seria de se esperar que os filmes a que você assistiu nessa época tivessem um impacto considerável em seu trabalho posterior; apesar disso, você diz que nenhum filme teve uma influência decisiva.

—— JS Esses filmes ficaram na minha memória como uma grande massa, na qual certas imagens sobressaem por seu poder imaginativo mais que pelo discursivo. Não me lembro de nenhum filme que tenha me interessado por causa do tema. Eu gostava muito de comédias. Adorava o Carlitos de Charles Chaplin, sem saber que era um gênio, porque nunca me apresentaram a Chaplin nesses termos; para mim, era um homem engraçado, nada mais. Mas sua mímica me fascinava. Eu ia ao cinema quase diariamente quando jovem, e não só enquanto trabalhei lá; mesmo depois, vi muitos filmes em preto e branco – cinema mudo, obviamente –, e são estes os mais conservados na minha memória. A alguns deles eu até gostaria de assistir de novo, principalmente aquele em que aparece uma menininha negra que usa duas marias-chiquinhas na cabeça. Era inverno nos Estados Unidos, ela estava esquiando e, de repente, se perde no meio da floresta. A menina fica muito assustada com os ruídos que ouve: o canto dos pássaros, o pio das corujas e todos os outros sons da floresta. Em seguida, ela aparece esquiando em busca de uma saída, até que acaba dentro de um cemitério. Está tão apavorada que, quando ouve uma coruja piando, abre a boca, põe a língua para fora, e aí vemos que ela tem um coração pintado na língua... Não sei que filme era esse, qual seu título, mas me deixou uma impressão tão duradoura que me lembrei dele a vida inteira. São coisas, imagens como essas, que me marcaram profundamente. A verdade é que nunca pensei no cinema como arte; era outra coisa, um espetáculo divertido, uma simples distração. Só vim a saber que o cinema podia alcançar uma dimensão artística quando cheguei a Paris e fui à Cinemateca. Na Venezuela, já se começava a falar no cinema de uma perspectiva artística, mas, no fundo, eu continuava a considerá-lo um espetáculo divertido e nada mais.

—— AJ Talvez seja por isso que suas evocações do cinema estejam mais ligadas às experiências plásticas do seu trabalho de cartazista e às possibilidades que isso abriu para sua carreira profissional. O mundo do cinema abriu uma porta para a pintura, tanto pelas experiências concretas com os pigmentos quanto pelos contatos que lhe proporcionou.

—— JS É verdade, graças a esse trabalho consegui uma bolsa de estudos para a Escuela de Artes Plásticas y Artes Aplicadas de Caracas [2]. Eu estava tão determinado, tão entusiasmado, que alguns amigos começaram a falar sobre minhas potencialidades, até que alguém insistiu para que eu pedisse uma bolsa de estudos. Como eu não conhecia ninguém que pudesse me ajudar, alguns amigos convenceram o bispo da cidade a me receber. Fui vê-lo, a despeito de todas as minhas dúvidas. Lembro que lhe mostrei alguns desenhos de nus, e creio que, depois de ver meu trabalho, ele achou que eu tinha algum talento. O fato é que escreveu uma bela carta de recomendação, que levei ao secretário de estado, um homem interessado em cultura. Fui falar com o secretário, e ele me disse: "Acho muito bom que você queira estudar. Mas nós não temos bolsas de estudos para artes. Volte amanhã ou depois de amanhã e verei o que posso fazer". Quando

2 Jesús Soto durante seus estudos em Caracas, c. 1943.

voltei, ele me disse: "Olha, Soto, a única coisa que consegui foi uma bolsa para professores, mas é muito pequena, somente noventa bolívares". Não faz mal, respondi. O senhor me dá essa bolsa que eu estarei feliz, e logo verei como me arranjar com ela. "Mas antes você terá de procurar o presidente do estado (era como se chamava o governador), porque ele deverá endossá-la." O presidente do estado era um humanista, um historiador. Eu sabia o nome dele, mas não tinha ideia de sua importância. Muitos anos depois descobri quem era Mario Briceño Iragorry[15] na Venezuela.

Como tantos outros jovens de sua geração, Soto viajou para Caracas com a imensa sede de aprender das pessoas que viveram na extrema aridez cultural das zonas rurais – uma sede que se sobrepõe a qualquer outro apetite, que se impõe como a única e inelutável urgência e orienta sua vida numa única direção, com toda sua energia voltada a satisfazer a necessidade de ver e compreender aquilo que, por alguma razão desconhecida, cativou seu olhar.

— JS Munido de minha bolsa de noventa bolívares, cheguei a Caracas decidido a me dedicar à arte. Já que o dinheiro não era suficiente, tentei ganhar a vida fazendo

15 Mario Briceño Iragorry (1897-1958). Historiador, ensaísta, advogado e diplomata venezuelano. Membro da Academia de Historia y de la Lengua. Entre suas múltiplas atividades, foi governador do estado de Bolívar de 1943 a 1944.

lápides de cemitério, que tinha aprendido nas aulas da Escuela. Isso me permitiu ganhar dinheiro suficiente para comprar roupas e outras coisas de que uma pessoa necessita. Logo depois, encontrei uns primos que estavam trabalhando como joalheiros, e eles me convidaram para ficar na casa deles, porque viram as dificuldades pelas quais eu estava passando. Morei com eles até concluir meus estudos na Escuela. O importante é que consegui terminar o curso. Frequentava a Escuela de dia e, à noite, assistia a cursos de formação de professores.

Ele chegou a Caracas com as poucas referências que obtivera em Ciudad Bolívar, determinado a aprender, com os olhos bem abertos.

— JS Eu era grande admirador dos pintores históricos venezuelanos, e acho que fui para Caracas no propósito de seguir o caminho deles, não propriamente como pintor histórico, mas como naturalista. Só que tudo isso sumiu da minha cabeça quando vi pela primeira vez uma natureza-morta de Georges Braque, que me causou uma forte impressão, embora não soubesse definir por quê. Vi o quadro quando entrei na Escuela, acho que no mesmo dia em que cheguei. Claro que já tinha visto reproduções de quadros modernistas nas revistas que conseguia em Ciudad Bolívar. Lembro-me também de um livro que ganhei num concurso de contador de contos durante o ensino fundamental. Um espanhol enviado pelo Ministério da Educação levou alguns livros que foram distribuídos como prêmio aos vencedores. Meu prêmio foi um livro que trazia reproduções de poemas e de imagens modernas; os quadros tinham uma técnica próxima à de Sorolla.[16]

—— AJ Certamente impregnados do espírito impressionista.

—— JS Sim, embora de um impressionismo cuja luz era marrom, não do impressionismo francês, cuja luz é prateada. Tive também a oportunidade de colecionar revistas provenientes do Chile, e que me despertaram interesse nesse estilo de pintura; mas eu não tinha certeza do que queria fazer. Por isso, quando cheguei a Caracas, tinha a intenção de fazer uma pintura inspirada nos clássicos venezuelanos, mas também trazia o gosto que esse livro de poesia moderna havia despertado em mim. Quando ingressei na Escuela de Artes Visuais y Artes Aplicadas de Caracas e vi a natureza-morta de Braque num cavalete, é claro que senti um tremendo impacto. Logo comecei a perguntar aos meus colegas, especialmente aos mais adiantados, sobre o significado e a importância daquela

—— 16 Joaquín Sorolla (1863-1923). Pintor realista e impressionista espanhol. Sua obra capta a luz do mediterrâneo e os costumes populares do povo espanhol, com um colorido todo especial sob uma luz na maioria das vezes amarelo-avermelhada.

obra e de seu autor. Primeiro consultei Alejandro Otero, meu conterrâneo, que me deu uma primeira explicação. Depois perguntei aos professores... A princípio, as explicações me pareceram bastante satisfatórias, mas logo me interessei por conhecer mais detalhes sobre o cubismo e a tal história da quarta dimensão. Aí, me disseram que, antes de tudo, eu tinha de estudar muito, porque sem uma preparação não entenderia nada. O importante mesmo é que eu queria compreender o cubismo, pois, a partir daquele impacto, meu problema foi criar uma obra que fosse além do conhecido [3].

—— AJ Para os alunos da Escuela, o cubismo e a quarta dimensão se tornaram as maiores preocupações de sua formação intelectual. Sua obscuridade manifesta – apoiada, sem dúvida, pelo prestígio da ciência – parecia resumir o mistério da pintura e do mundo moderno que você almejava compreender. Foi essa experiência que o levou a se interessar pela ciência?

—— JS Bom, talvez porque não me dessem boas explicações e eu quisesse saber com exatidão por que um pintor era mais importante que outro, se eram parecidos. Isso me preocupava, e quando cheguei a Caracas quis compreender por que Cézanne, por exemplo, era mais importante que outros pintores que me pareciam mais eficazes. Logo percebi que, em certa medida, a história é que esclarecia o desenvolvimento da pintura através dos

3 *Sin título*, 1948.

períodos e situava os artistas. Na minha opinião, esse era um aspecto científico. Logo depois começaram a me falar da quarta dimensão, o que certamente aguçou meu interesse pela ciência.

—— AJ Em todo caso, essa preocupação com o tempo e com a organização da superfície pictórica, que você descobre no cubismo, já aparece claramente em suas peças realizadas nos últimos anos da Escuela e, mais tarde, em Maracaibo [3-4].

—— JS Sem dúvida, porque imediatamente captei em Cézanne o problema do tempo, assim como o percebi no impressionismo quando me disseram que os artistas pintavam a luz em diversos momentos do dia para demonstrar que ela se modificava constantemente. Assim, fui acumulando uma série de detalhes sobre o tempo, o movimento e o espaço, elementos que mais tarde despertaram e ajudaram minha compreensão da arte. Eu também me interessava por muitas coisas que via nas revistas, especialmente nas que chegavam do Chile, como as reproduções de artistas que pintavam à maneira de Picasso na fase grega e que me pareciam fascinantes. Tudo concorria para me preparar para a arte moderna. O conceito da perspectiva renascentista influiu muito em meu trabalho. A ideia de criar um espaço virtual dentro de uma espécie de grande cubo me parecia uma invenção maravilhosa, assim como quando descobri que no cubismo esse cubo renas-

4 *Sin título (paisaje)*, 1949.

centista, essa perspectiva monocular, se transformava em um espaço multifocal, por assim dizer, poliocular – isso foi uma revolução maravilhosa. Portanto, quando descobri o Klee das cidades e do equilibrista, em que cada casa, cada pequeno cubo, correspondia a um ponto de fuga diferente, fascinou-me a possibilidade de apreender essa outra noção de espaço.

Para Soto, as artes plásticas se tornaram um campo onde ele podia buscar uma resposta para as incógnitas que se apresentam em princípio a toda criança que tenta compreender o que é o tempo, a matéria, o espaço, o finito e o infinito. As obras dos artistas, já inscritas na história, eram exemplos do que tinha sido feito e indícios do caminho a seguir. A Escuela permitia-lhe investigar esse mundo da história enquanto aprendia a ver e a fazer.

— JS Comecei meus estudos em 1942,[17] e segui o método dos alunos mais adiantados, como Alejandro Otero. O mais importante, a meu ver, era a atitude não restritiva dos professores. Eles orientavam sem impor e permitiam aos mais inquietos como eu o direito de pesquisar à von-

17 Soto disse que recebeu a bolsa de estudos graças ao apoio de Mario Briceño Iragorry em 1942, mas a biografia de Iragorry mostra que ele foi governador do estado de Bolívar entre 1943 e 1944, de modo que, provavelmente, Soto ganhou a bolsa em 1943, e não antes.

tade. Quando eu começava a pintar uma tela, uma paisagem, por exemplo, geralmente procurava seguir o que meus olhos viam, e então ia buscando uma forma sintética de realizá-la. Meu professor de paisagem, Rafael Ramón González,[18] me dizia: "Vou deixá-lo fazer o que quiser, e você me mostra quando estiver pronto". Depois conversávamos e ele me dava sua opinião sobre o trabalho. Às vezes, examinando minhas paisagens, ele perguntava: "Não vê os violetas escondidos na sombra, não vê a variedade de tons que se esconde nela?". E eu então pintava os violetas e os tons que o professor dizia, só porque ele era o professor, mas, na verdade, nunca tinha visto aquelas cores. Eu não compreendia o impressionismo na Venezuela. Não conseguia enxergar aquela gradação de cores na paisagem. Só vim a entendê-la quando cheguei à França e vi a luz europeia, a luz prateada de Monet que eu podia comprovar na paisagem. No segundo ano, eu não tinha mais que esperar pelos professores; escolhia um assunto e levava o trabalho pronto. Com isso, só os encontrava mais ou menos de quinze em quinze dias, a não ser que algum trabalho em progresso me parecesse interessante. Então, eu lhes

18 Rafael Ramón González (1894-1975). Importante paisagista venezuelano. Foi professor de paisagem na Escuela de Artes Plásticas y Artes Aplicadas de Caracas. Sua obra contribuiu em grande medida para fazer do monte El Ávila um tema central da paisagem nacional.

mostrava o que havia feito, e eles davam sua opinião. Mas nunca me impunham uma maneira de fazer.

No terceiro ou quarto ano, não nos reuníamos mais na condição de professor e aluno, mas conversávamos de pintor para pintor... Isso era maravilhoso para os mais inquietos, porque não tínhamos que passar quatro ou cinco anos repetindo e copiando, aprendendo técnicas ou problemas que não nos serviriam para nada. No entanto, os alunos que desejavam receber uma formação estritamente acadêmica tinham a possibilidade de obtê-la. Mais que uma escola no sentido acadêmico da palavra, tratava-se de um grande ateliê coletivo, um círculo de artistas. E tudo isso enriquecido por uma sólida formação intelectual, aproveitando a experiência dos professores que podiam viajar e daqueles que haviam lido muito, como o diretor da Escuela, Antonio Edmundo Monsanto.[19]

—— AJ A arte vem da arte, toda obra pertence a uma árvore genealógica na qual se insere como numa família de formas, com seus antepassados próximos e distantes, seus ramos truncados e sua descendência, quando a tem. Alguns desses professores tiveram um peso maior em sua formação?

—— 19 Antonio Edmundo Monsanto (1890-1948). Pintor modesto, de poucas obras, foi um dos fundadores do Círculo de Bellas Artes da Escuela de Artes Plásticas y Aplicadas de Caracas (1936-48). Durante esse período, teve influência decisiva na formação dos principais artistas abstratos venezuelanos.

— JS Acho que todos me deram o melhor que podiam. Falei sobre a paisagem, mas havia o Marcos Castillo,[20] que me ensinou muito a respeito da cor. Também aprendi bastante com um artista que infelizmente é muito pouco lembrado: Juan Vicente Fabbiani.[21] Enquanto Castillo me ensinava maneiras de enriquecer cada centímetro quadrado da tela com o uso da cor, Fabbiani me passava o senso de síntese, pintar sem insistir nos detalhes. A formação era, portanto, muito diversificada e tínhamos opções.

— AJ Alejandro Otero dizia que a volta de Héctor Poleo,[22] que estava no México, causou forte impacto em sua geração. Otero nos trouxe uma nova maneira de tratar a paisagem, com frotagens finíssimas que aprendeu com o muralismo mexicano, especialmente com Diego Rivera. Essa técnica influenciou seu trabalho?

— 20 Marcos Castillo (1897-1966). Foi um dos principais expoentes da chamada Escuela de Caracas, considerado um dos seus melhores coloristas. Foi professor de Jesús Soto e da maioria dos artistas abstratos da década de 1950.

— 21 Juan Vicente Fabbiani (1910-89). Pintor venezuelano conhecido principalmente por seus nus. Foi professor da Escuela de Artes Plásticas y Artes Aplicadas de Caracas; sua tendência para a síntese formal teve considerável influência entre os artistas abstratos dos anos 1950.

— 22 Héctor Poleo (1918-89). Artista plástico, cuja obra foi inicialmente influenciada pelo muralismo mexicano, teve grande repercussão entre os jovens artistas da década de 1940. Durante a Segunda Guerra Mundial, sentindo-se oprimido pelo conflito armado, Poleo se aproximou do surrealismo.

—— JS Na verdade, o que realmente me interessou e continua a me interessar em Héctor Poleo é sua fase surrealista, embora naquela época ele tivesse chegado com ideias muralistas e algumas obras que eu admirava, porque eram bem executadas; mas não era esse o caminho que eu desejava seguir. A razão disso talvez fosse a forte impressão que aquela natureza-morta de Braque causou em mim, e essa liberdade que eu tanto buscava nas poucas imagens que tinha visto em Ciudad Bolívar... uma coisa menos temática. Nunca fiz uma pintura temática.

—— AJ E ainda assim, como tantos artistas latino-americanos, você participou das discussões em que se tentava refletir sobre a função social do artista. Toda aquela discussão sobre o local e o universal, implícita nas ideias de Héctor Poleo, e que logo passaria a constituir o eixo principal de *Los Disidentes*,[23] deve ter tido alguma influência em seu pensamento.

—— JS Sem dúvida. As grandes reuniões organizadas pelo grupo de Alejandro Otero, Pascual Navarro[24] e outros, das quais participavam os alunos das gerações mais jovens,

—— 23 *Los Disidentes*, nome de um grupo e de uma revista de arte editada em Paris (1950) por artistas e intelectuais venezuelanos, entre os quais estavam Alejandro Otero, Mateo Manaure, Narciso Debourg, Perán Erminy e J. R. Guillent Pérez.

—— 24 Pascual Navarro (1923-85). Artista plástico. Membro fundador de *Los Disidentes* e da revista homônima, onde escreveu artigos polêmicos sobre a pintura venezuelana.

como Carlos Cruz-Diez,[25] Guevara Moreno[26] e eu, tiveram certo impacto em mim, mas em momento algum – isso é que importa – me levaram a crer na necessidade de subordinar a liberdade do artista à problemática política. Nossa grande preocupação centrava-se na necessidade de decifrar o cubismo e a complicação que representava toda aquela história da quarta dimensão. Não conseguíamos entendê-la, mas tínhamos a impressão de que era algo de importância transcendental. Só vim a compreendê-la muito tempo depois, quando me dediquei a pesquisar o movimento cubista nos anos 1950: estava ali a quarta dimensão que procurávamos. Penso que o tempo e a obra de cada um demonstraram não só que a maioria dos estudantes decidiu seguir o caminho do pós-impressionismo, como também que, na Venezuela, esse caminho produziu melhores resultados que o do americanismo influenciado pelo muralismo mexicano.

25 Carlos Cruz-Diez (n. 1923). Artista cinético venezuelano, colega de turma de Jesús Soto. Sua obra da maturidade está centrada no estudo da cor e na tentativa de apresentá-la como realidade física independentemente de toda intenção representativa ou simbólica. É por isso que suas obras mais conhecidas são chamadas de *Fisiocromías*.

26 Luis Guevara Moreno (1926-2010). Pintor venezuelano. Membro fundador de *Los Disidentes*. Nos anos 1950, criou uma obra abstrata considerável, mas que logo abandonou para concentrar-se na figura humana. Fez parte do movimento Madi.

—— AJ Isso tem a ver com o que foi e continua a ser a orientação fundamental do país: modernizar-se, sair do subdesenvolvimento. Pode-se dizer que em poucos países o "moderno" desfruta de um prestígio tão grande quanto na Venezuela. Acrescente-se que não temos um passado pré-colombiano tão forte e tão presente como o México e o Peru. A Venezuela vive orientada para o futuro.

—— JS Sim, mas naquele momento os políticos nos apresentavam o socialismo como o único futuro possível no mundo e, na arte, o realismo socialista. A pressão política obrigava as pessoas a tomarem esse rumo. Mesmo assim, nunca me interessei e, na verdade, também nunca fui um apaixonado pelo comunismo russo. Não era um crente, e Stálin sempre me causou horror. Tentei participar, acredite, porque a atração e a pressão intelectual eram fortes demais. Tantas pessoas inteligentes estavam envolvidas naquilo que achei que estava errado, mas nunca fiquei inteiramente convencido e, além disso, sempre defendi a independência do artista ante as diretrizes ideológicas. Em Paris, eu ia às reuniões deles carregando meu violão porque queria apoiá-los, mas sempre afirmei que não poderia fazer a mesma coisa com a pintura, porque não entendia o caminho que estavam seguindo. A reação deles foi me punir com palavras desagradáveis, enquanto eu lhes dizia: "Se sou um homem do povo, o que eu fizer deve sair do povo e deve ser útil ao povo". Mas

5 Jesús Soto tocando violão com seu tio Pedro Soto. Ciudad Bolívar, 1961.

não adiantou, toda vez que eu dizia isso me acusavam de traidor de minha classe [5].[27]

Aos poucos, esse tipo de coisa acabou minando meu interesse. Dizia a mim mesmo que talvez eles estivessem certos, mas eu não os compreendia e não podia acompanhá-los.

27 Não foram só grandes pensadores como Hegel e Marx que impuseram a ideia de uma história única, orientada para uma futura libertação da humanidade; durante a primeira metade do século XX, acontecimentos históricos (a revolução bolchevique, depois a chinesa e, por fim, a cubana) permitiam pensar que a humanidade se dirigia de maneira inconteste para esse futuro claramente identificado com as sociedades comunistas.

Jamais aceitei a interferência da política na arte, na literatura ou nas canções. A imagem de um artista engajado sempre me incomodou. Era uma forma de buscar a proteção da sociedade, mas isso não acontecia com a arte abstrata, que jamais teve a proteção de ninguém. A arte abstrata foi atacada ou, no melhor dos casos, tolerada, mas nunca houve um grupo ou um regime político que a visse como a arte necessária ao presente ou ao futuro. No entanto, a arte engajada e comprometida contou, e ainda conta, com essa proteção. Isso não quer dizer que eu critique a situação – todo mundo tem direito de sustentar sua opinião diante da vida. Continuo a pensar que a arte é mais importante que qualquer outra posição proselitista ou ideológica. As ideologias acabam se transformando numa carga de preconceitos, enquanto as artes são uma contribuição positiva para a humanidade. E se não parecem importantes, não incomodam ninguém.

—— AJ Um caso patético dessa capitulação às ideologias e o inevitável desencanto posterior é, sem dúvida, o dos artistas russos no início do século XX. Eles acreditaram ver na revolução artística que fomentavam um movimento paralelo ao da revolução social, e ingenuamente pensaram que assim seria percebido pelas classes dirigentes. A arte, a ciência e o povo organizado haveriam de levar a cabo a grande revolução que a história exigia. No entanto, foram rejeitados e marginalizados, reduzidos ao silêncio e condenados, quando não se suicidaram. Hoje, enquanto o sistema político que os condenou acabou em fracasso colossal, as obras deles continuam a ser das mais belas conquistas do século.

—— JS Você está falando sobre o caso mais doloroso, já que a única arte à altura dos ideais que mobilizaram o comunismo de 1917 a 1927 era a que Maliévitch, Tatlin, Maiakóvski e outros estavam fazendo. Se alguém quisesse romper com todos os parâmetros históricos e sociais do mundo burguês, também teria de romper com seus ideais artísticos. E, no entanto, a arte oficial do comunismo foi a mais tradicional e convencional da história. Em qualquer regime, a arte e a ciência sempre estão mais avançadas que a política. Os políticos, inclusive os que ocupam posições hierárquicas mais elevadas, jamais alcançam a capacidade visionária do artista. Imagine o que deve ter sido para homens de convicção, como Maliévitch, ter que voltar a pintar aquelas figuras convencionais... Uma verdadeira tragédia! Isso prova que nunca devemos nos colocar a serviço de uma causa partidária, seja qual for. E se a sociedade não considera a atividade artística uma necessidade imediata, pelo menos não condene o artista à cotidianidade. Deixem-no em paz, porque, de modo geral, ele vê mais longe que as outras pessoas.

INVENTAR A ABSTRAÇÃO

Não deixa de ser verdade que os artistas modernos, mesmo quando não estavam tentando fazer mais que descobrir soluções para os problemas plásticos de sua época, sempre tiveram consciência de sua responsabilidade social. Ao realizarem suas obras, acreditavam estar contribuindo para a construção de uma nova ordem para o mundo. Um exemplo claro dessa posição encontramos em Maliévitch, cuja obra, totalmente abstrata, era pensada como mais uma das batalhas que se travava naquele tempo contra o passado já anacrônico da humanidade. Por isso, ele dizia que: "A Revolução de Outubro, ao destruir as bases do antigo Estado, reconheceu em parte os renovadores da arte... Hoje temos o exército do novo princípio da vida econômica e já contamos com as vanguardas artísticas. A vida econômica do novo mundo incentivou o progresso das comunidades. A criação da nova arte incentivou o suprematismo do quadrado".[28] Era uma luta contra as formas do passado que devia ser travada simultaneamente no espaço virtual da tela e da vida coletiva, e, quando Soto teve de enfrentar a responsabilidade de educar jovens artistas em Maracaibo, também respondeu a esse chamado. Em 1947, concluiu seus estudos e partiu para Maracaibo, onde assumiu a direção da Escuela de Bellas Artes e tentou introduzir um novo sistema educacional aberto às práticas do seu tempo.

— JS Tentei, é claro, mas fracassei. Enquanto falava de Picasso, que era minha maior preocupação naquele momento, pois eu não conhecia nada mais avançado depois do

28 Kasimir Maliévitch, *De Cézanne au Suprematisme*. Lausanne, Suíça: L'Âge d'Homme, 1974, pp. 139-41.

cubismo, os outros professores e os alunos se interessavam pelos pintores *pompier*. Eu insistia em dizer que devíamos estudar Picasso e sua geração. Até consegui que o Ministério da Educação me enviasse algumas reproduções, mas não logrei captar o interesse de ninguém, por isso fui embora. As únicas pessoas nas quais consegui semear essa inquietação foram dois poetas; um se chamava César Rincón e o outro Esnor Rivera. Estudavam medicina, e uma parte do curso exigia aulas de desenho, de modo que foram à Escuela em busca do professor que ministrava essa matéria, e aí depararam com as peças mais ou menos cubistas que eu estava fazendo. Eles se surpreenderam com o fato de aquilo estar sendo feito na Venezuela e me contaram que tinham lido muito sobre poesia moderna, inclusive sobre o cubismo, e não lhes ocorreu que houvesse alguém no país interessado por esse tipo de pintura. Logo depois apareceu um jornalista chileno, estabelecido em Maracaibo, que os convenceu de que o cubismo era a manifestação de uma sociedade decadente, e que o que realmente importava era o realismo socialista.

Um fato fundamental tornava impossível a comunicação entre Soto e seus companheiros, professores e alunos da Escuela de Bellas Artes de Maracaibo. Enquanto os demais se interessavam pela arte já criada, por suas expressões históricas, ele procurava enxergar nessa arte os indícios de formas possíveis. A arte não era para ele um meio de expressão, mas um modo de pensar, uma maneira de responder às questões postas pela história. Se essas questões fossem diferentes, então a forma da arte do seu tempo também teria de ser diferente.

Essa abertura conceitual "ao possível" é, sem dúvida, o que lhe permitiu assimilar a experiência fortuita que surge durante uma conversa em Maracaibo, experiência oral que se converteria em verdadeiro guia para seu trabalho plástico: seu primeiro contato com o conceito do Branco sobre branco *de Maliévitch* [6].

— JS Foi um encontro totalmente casual. Eu era amigo de Lía Bermúdez[29] e do seu marido, e sempre nos reuníamos para conversar. Em uma dessas ocasiões, apareceu uma prima dela que havia acabado de chegar de uma viagem pela Europa e por Nova York, e eu lhe perguntei sobre o que tinha visto. Ela me disse que havia conhecido Picasso, que não a deixara muito entusiasmada, embora tivesse visto algo nele. "Mas, quando me apresentaram um quadro branco com outro quadro branco em cima, achei que estavam enlouquecendo. 'Isso não é nada, não havia nada para se ver ali.'" Ela não podia entender, mas aquilo foi uma verdadeira revelação para mim. Daí em diante, essa obra se tornou uma fonte de inspiração: era a mais perfeita e pura forma de captar a luz numa tela. Quando cheguei a Paris, não sabia sequer o

29 Lía Bermúdez (n. 1930). Escultora e pintora venezuelana. Foi amiga e aluna de Jesús Soto enquanto este dirigia a Escuela de Bellas Artes de Maracaibo (1947-50). Em 1993, abriu o Centro de Arte de Maracaibo Lía Bermúdez.

6 Kasimir Maliévitch, *Composição suprematista. Branco sobre branco*, 1918.

nome do autor, por isso disse que a contribuição dele foi de ordem conceitual. Quando vi a obra pela primeira vez, quase dez anos depois, ela não me trouxe nada além do que já imaginara em Maracaibo. Consegui compreender sua importância e assimilar seu conteúdo sem necessidade de vê-la.

Não poderia haver melhor exemplo para mostrar que boa parte do interesse das estruturas de Soto não deriva exatamente das ilusões ópticas que ele põe em jogo, mas do que elas sugerem ou tentam tornar visível: a dimensão do sublime, de tudo aquilo que, segundo a frase de Jean-François Lyotard, podemos conceber, mas não podemos ver ou fazer ver.[30] *Nessa breve descrição de* Composição supermatista: Branco sobre branco, *de Maliévitch, Soto descobre intuitivamente um ponto de contato com suas preocupações mais íntimas, em particular com o exemplo clássico do sublime descrito na* Divina comédia: *o encontro de Dante com Deus, um deus descrito precisamente por círculos de luz sobre luz. Por isso ter ouvido a descrição da obra foi suficiente. O desejo de ir a Paris, o centro no qual haviam surgido o impressionismo e o cubismo, e onde sem dúvida alguma surgiria uma nova arte, tornou-se urgente.*

—— JS Eu estava em busca de uma bolsa de estudos, porque com o que ganhava era impossível juntar dinheiro e comprar a passagem. Naquele mesmo ano, ganhei a bolsa e parti para Paris. Fui direto para o apartamento de Guevara Moreno e logo entrei em contato com meus amigos da Escuela: Alejandro Otero, Pascual Navarro, Mateo Manaure,[31] Carlos Gonzá-

—— 30 Jean-François Lyotard, *Le Postmoderne expliqué aux enfants*. Paris: Gallilée, 1986, p. 27.

—— 31 Mateo Manaure (n. 1926). Artista plástico venezuelano. Nasceu em Uracoa, no estado de Monagas. Foi um dos fundadores do grupo *Los Disidentes*.

lez Bogen[32] e Narciso Debourg.[33] Com a ajuda deles, comecei a organizar a minha vida e encontrei um pequeno quarto para morar, que dividia com o poeta Lira Sosa.[34] Como ele falava francês um pouquinho melhor que eu, conseguimos nos entender com a senhora que nos alugava o quarto e nos servia comida. Logo depois, tive de começar a trabalhar com meu violão, porque a bolsa de Maracaibo só cobria as despesas do quarto e, mesmo assim, ia durar apenas doze meses. Entretanto, consegui me organizar rapidamente e por isso não foi um trauma quando perdi a bolsa após um ano. Quando aumentaram o valor do aluguel, nos mudamos para um sótão. Bem próximo, havia um pequeno restaurante popular onde, por incrível que pareça, podia-se comer por uns cem francos da época. O lugar era frequentado por espanhóis e por gente

Em 1952, participou do projeto de integração das artes liderado pelo arquiteto Carlos Raúl Villanueva, na Universidad Central de Venezuela. Em 1960, abandonou a pintura abstrata e retornou a temas de corte nacionalista.

—— 32 Carlos González Bogen (1920-92). Escultor e pintor venezuelano. Fundador do grupo *Los Disidentes*. Durante a década de 1950, realizou grande número de trabalhos abstratos, que depois abandonou (1966) para dedicar-se a temas de conteúdo político.

—— 33 Narciso Debourg (n. 1925). Artista plástico venezuelano. Fundador do grupo *Los Disidentes*, desde então realizou uma importante, embora escassa, obra abstrato-geométrica.

—— 34 José Lira Sosa (1930-95). Poeta surrealista venezuelano, natural do estado de Monagas.

muito pobre. Pouco tempo depois, Alejandro Otero me conseguiu um pequeno quarto onde morei por algum tempo. O único problema era a instalação sanitária do apartamento de cima; quando o vaso entupia vazava água bem no meio do quarto. Logo, graças ao que eu ganhava tocando violão e à ajuda do meu professor, Alexandre Lagoya,[35] pude me instalar em outro apartamento que ficava no terceiro andar de um prédio na rue du Temple. Ali organizei minha vida, casei-me com Hélène em 1952, com quem tive meus filhos.[36]

—— AJ Sua vida inteira organizou-se em torno das exigências da pintura. Fora os contatos com seus amigos venezuelanos, em que direção se orientavam seus interesses no meio cultural francês?

—— JS A primeira coisa que fiz foi perguntar a meus amigos sobre as atividades de artes visuais na cidade; as galerias que frequentavam, os museus etc. Logo me familiarizei com as quatro ou cinco galerias de arte cujas obras mais me interessavam, entre elas a Galerie Denise René. Com o mesmo objetivo fui ao Musée d'Art Moderne de la Ville de Paris, mas lá não havia nada, era muito pobre. Isso aconteceu em 1950, quando cheguei a Paris. No começo do ano seguinte, fui com

—— 35 Alexandre Lagoya (1929-99). Violonista francês. Em 1950 criou junto com a mulher, Ida Presti, também violonista, o duo Presti-Lagoya.

—— 36 Em 5 de abril de 1952, Soto se casou com Hélène de Robert, com quem teve quatro filhos: Isabelle, Christophe, Anne e Florence.

Fernando Rísquez[37] à Holanda, onde, finalmente, pude ver Mondrian, que só conhecia por reproduções, muito embora tivesse sido o ponto de partida das minhas primeiras experiências abstratas.

—— AJ Para a maioria dos artistas que passou pela experiência, a transição para a abstração implicou um lento processo pictórico. Foi o caso de Kandinski, Mondrian e Theo van Doesburg no início do século, assim como o de Alejandro Otero, em fins dos anos 1940, com suas *cafeteras*.[38] Mas em você esse processo se realizou no plano intelectual, isto é, sem ancorar-se na prática e em curto espaço de tempo, alguns meses apenas.

—— JS Acontece que eu sabia que a abstração existia (não esqueça que Otero expôs suas *cafeteras* em Caracas antes de minha viagem a Paris), mas eu não sabia como tinham chegado a ela. Eu estava em busca da abstração, meu pensamento era correto, só que era um pensamento dos anos 1910-15, que consistia em extrair a abstração do cubismo, não de inventar uma abstração. Eu queria eliminar os elementos

—— 37 Fernando Rísquez (n. 1926). Renomado psiquiatra venezuelano e autor, entre outros livros, de *Homeopatía y psiquiatria*. Presidente da Liga Medicorum.

—— 38 *Las cafeteras*, série de pinturas produzidas por Alejandro Otero em Paris (1947-51) e expostas no Museo de Bellas Artes de Caracas, em 1949, que provocou muita polêmica. Trata-se de um conjunto de obras, em que, pouco a pouco, o artista passa da pintura representativa para a abstrata. É a primeira manifestação da abstração no país.

para desvendar o verdadeiro significado da pintura. Eu lia muito, é claro, porque meu objetivo era descobrir o que tinha acontecido depois do cubismo. Aimée Battistini[39] me ajudou muitíssimo nisso. Entre as coisas que ela me mostrava havia reflexões sobre a abstração, Mondrian e depois Maliévitch, que conheci por intermédio da revista *Art d'Aujourd'hui*. Eu me perguntava por que e como esses artistas haviam chegado a tal ponto. Assim descobri as árvores e as catedrais de Mondrian, e entendi a evolução delas até a abstração. Foi então que pensei que tinha de seguir nessa direção. Tal como esses artistas haviam chegado à abstração através do cubismo, eu tinha de começar por essa abstração para seguir adiante. E mais, tornou-se claro para mim que o que eu estava fazendo não era importante, porque essa pesquisa já tinha sido realizada. Meu problema era ir além...

Otero também conhecia a abstração e, no entanto, foi se aproximando dela aos poucos, seguindo e experimentando por conta própria o processo que outros haviam experimentado antes dele, assinalando com sua prática a impossibilidade de todo gesto voluntarista. Soto, pelo contrário, pretendia detectar o estado mais

39 Aimée Battistini (1916-89). Artista plástica venezuelana, nascida em Ciudad Bolívar e de família de origem córsica. Instalada em Paris desde 1928, apresentou a abstração aos jovens fundadores de *Los Disidentes*. Seu apoio foi importante para que Soto tomasse conhecimento do mundo da abstração.

avançado da abstração – que considerava o movimento mais significativo do século XX – para lançar-se à aventura de criar uma obra que pudesse dar continuidade a essa tradição e fazê-la avançar. Uma concepção linear da história guiava seu pensamento.

— JS Daí por diante, me impus uma disciplina de estudos muito consciente. Tendo recebido uma formação básica de desenho, obriguei-me a abandonar totalmente o desenho representativo. Foi como comer as galinhas com as penas para perder a vontade de comê-las. Dediquei-me então a estudar o dilema da abstração a partir do artista que, no meu entender, havia chegado mais longe nesse caminho: Piet Mondrian [7].[40] A primeira coisa que tentei foi fazer de suas composições uma situação dinâmica, tirá-las da bidimensionalidade. Entendi que Mondrian tivera problemas com a bidimensionalidade no cruzamento de verticais e horizontais, onde se produzia uma vibração. Por isso disse a mim mesmo que, se ele tinha tido esse tipo de dificuldade, o caminho certo não devia insistir na bidimensionalidade, mas levar suas horizontais e verticais a uma dimensão diferente.

40 Jesús Soto e seus colegas frequentaram cursos e conferências do Atelier d'Art Abstrait, criado em Paris por Jean Dewasne e Edgar Pillet em 1950. O programa de fim de ano anunciava diversas conferências sobre Mondrian e o neoplasticismo. O impacto dessas aulas deve ter sido grande pois, entre o fim de 1950 e início de 1951, Otero e Soto empreenderam uma viagem à Holanda para ver a obra de Mondrian.

7 Piet Mondrian, *Composição n. II, com amarelo e azul*, 1931.

O processo foi bastante rápido, comecei dinamizando--as com diagonais e linhas curvas, sempre no plano [8]. Mais tarde, quando conheci os *boogie-woogie*, me dei conta de que Mondrian já havia tentado dinamizá-las, saindo da bidimensionalidade. Quando descobri isso, o "problema Mondrian" deixou de existir para mim e começou um novo processo, dessa vez partindo da música e de outros artistas como László

8 *Composición dinámica*, 1950-51.

Moholy-Nagy.[41] Ele havia escrito um importante livro sobre o movimento, mas em inglês, de modo que tive de lê-lo com a ajuda de uma amiga que o traduzia para mim. Toda noite nós líamos juntos um trecho do livro. Assim consegui compreender o que Moholy-Nagy estava buscando com a ideia de movimento. Depois da série de trabalhos em que tentei dinamizar Mondrian, fiz um conjunto de quadros baseados em conceitos de não desenho, como os de repetição e progressão. Disse a mim mesmo que não poderia continuar desenhando de maneira impulsiva, ou com a liberdade intuitiva do desenho tradicional. Pensei então que eu tinha de descobrir uma maneira de trabalhar que se opusesse à chamada sensibilidade, que eu devia mudar a escrita, e descobri como fazê-lo usando elementos repetitivos. Uma das primeiras obras que fiz era uma repetição amarela, *Repetición óptica nº 2*, de 1951 [9]. Fiz várias *Repeticiones*, mas quase todas se perderam. Esta é uma das poucas que restam. É uma estrutura construída pela repetição de diagonais opondo-se a verticais. Logo depois, fiz outra muito mais interessante porque era desequilibrada. Lembro-me de que nesse período o dr. Rísquez vinha muito

41 László Moholy-Nagy (1895-1946). Artista de origem húngara, autor de uma obra complexa e variada. Pintor, escultor, fotógrafo, cineasta, cenógrafo e desenhista gráfico. Professor e teórico da Bauhaus. Em 1947, depois de sua morte, publicaram seu livro *Vision in Motion*, cuja leitura, em 1951, teve um considerável impacto na obra de Soto.

9 *Repetición óptica n.º 2*, 1951.

à minha casa, e me disse que essa obra sugeria um ruído ascendente, parecido com a pronúncia da letra "r" em francês... *rrrreeee*. Por isso a chamávamos "a obra dos erres", ela criava uma sensação ao mesmo tempo visual e auditiva.[42]

As reflexões dos artistas modernos sobre os limites da pintura como meio de representação se desenvolvem em paralelo a um interesse crescente tanto por suas possibilidades inventivas como por sua capacidade de sugerir realidades que existem além dos sentidos. Sugerir o audível por meio da pintura, uma arte da visão, é uma dessas tentativas de superar seus limites.

— JS Eu estava à procura de um estado vibratório através da repetição. Estava interessado no problema da vibração e no estudo da luz, que me fascinava em Velázquez, e que os impressionistas – que respeitei muitíssimo durante toda a minha vida – estudaram de modo consciente. Por isso, quando fui à Holanda, o que me surpreendeu (além de Mondrian, é óbvio) foi a obra de Van Gogh e Vermeer. Van Gogh me mostrou que a escuridão de seus tons não tem nada a ver com o fato de ele ser holandês, e Vermeer me surpreendeu por sua impressionante capacidade de expressar a luz, como se ele tivesse vivido nos trópicos, em um lugar completamente diferente.

42 É provável que Soto esteja se referindo aqui a *Repetición y progresión*, de 1951.

Lembro-me especificamente de uma paisagem de Vermeer que representa a cidade de Delft, uma tela de que sempre me recordo ao lado de *Las meninas* e de outras que me marcaram. Aquilo era quase um vitral, luminoso, de uma luminosidade que ninguém conseguiu alcançar. Seurat tentou fazê-lo, por outros meios, mas não teve sucesso. Isso me fez compreender que quem está interessado na luz pinta-a em qualquer lugar, mesmo que não more nos trópicos... E o caso de Armando Reverón[43] é claríssimo. Ele pintava a luz de memória. Não por-

43 Armando Reverón (1889-1954). Um dos principais artistas da Escuela de Caracas, sem dúvida o paisagista mais potente e mais original da pintura venezuelana durante a primeira metade do século xx. Seus trabalhos dos períodos "branco" e "sépia" (segundo a categorização de Alfredo Boulton) estão entre as mais importantes realizações da pintura moderna latino-americana. Deparamos aqui com uma das contradições de Soto, que diz muito sobre os conflitos que marcam inúmeros artistas da América Latina quando pensam sobre sua realidade histórica. Ao examinar a luz em Reverón, Soto achou que não havia nenhuma relação entre a obra do artista e a luz de seu contexto tropical. Incomodava-o pensar que Reverón tivesse conseguido pintar a luz da Venezuela. Para Soto, Reverón apenas pintou uma ideia de luz, um conceito universal, e o fez "como Vermeer poderia ter feito na Holanda". Todavia, quando tentou pensar o impressionismo, disse que não podia compreendê-lo na Venezuela, porque não conseguia observar na paisagem a gama de cores que via nas obras de Monet. E somente entendeu o impressionismo quando viajou para a França e pôde constatar que a qualidade prateada da luz em Monet era a da paisagem francesa. Ora, se Monet pintou a luz da França e fez com ela uma obra universal, por que um pintor como Reverón não poderia ter feito o mesmo com a luz tropical?

que vivesse na Venezuela, mas porque estava interessado na luminosidade, e a pintou como Vermeer teria feito na Holanda.

Como eu ia dizendo, naquela época, ao mesmo tempo que me interessava por estados vibratórios, estava tentando romper com os códigos essenciais da arte figurativa, e por isso queria eliminar as noções de composição e equilíbrio, dois dos grandes códigos clássicos da pintura representacional. Entre minhas tentativas estão as primeiras *Repeticiones* que acabei de mencionar, nas quais não existe mais o conceito de composição, pois se trata de uma ordem baseada na repetição *ad infinitum* onde cada segmento é igual ao todo. A obra era somente o fragmento de uma realidade infinita.

—— AJ Exatamente, essa ideia da obra como fragmento do universo vem dos impressionistas, que parecem compor os quadros através do visor de uma máquina fotográfica. Não se trata mais de criar uma totalidade autossuficiente, uma ordem em que a composição, a forma de um corpo ou de uma árvore na paisagem se submetam a um discurso ou ao assunto tratado. Os impressionistas, ao contrário, não somente pintavam um fragmento do espaço, como pretendiam ainda captar um instante fugidio em condições atmosféricas particulares, com uma luminosidade e um colorido específicos. Isso explica, em parte, os personagens ou figuras cortados nas bordas, indicando claramente sua continuação para fora dos limites da tela.

— JS Certo, e é por isso que amo os impressionistas, porque eles se preocuparam primordialmente com a luz e sua vibração como a essência de tudo, e não com o objeto, a forma e o tema, como faziam os artistas acadêmicos. Paralelamente às *Repeticiones*, ou talvez um pouco antes, fiz uma série de trabalhos em que procurei encontrar uma estrutura similar às que tinha observado em Cézanne. Não sei qual era a intenção de Cézanne ao fazer aquelas obras, mas o fato é que pude observar em certas paisagens que ele começava pela esquerda, com muita densidade pictórica, e ia lentamente liquefazendo tudo para a direita. Esse modo de proceder ficou gravado em mim e o utilizei em um painel intitulado *Muro óptico* [10].

— AJ Era a busca de vibração dos impressionistas por meio da estrutura composicional de Cézanne.

— JS Não exatamente a partir de sua estrutura compositiva. Nas minhas pinturas daquele tempo não havia uma composição no sentido clássico da palavra; tratava-se antes de uma espécie de progressão da densidade pictórica da esquerda para a direita.

— AJ De todo modo, o que importa é que essa progressão da densidade já sugeria um elemento novo, o tempo, formalizado em várias de suas *Progresiones* e *Repeticiones* produzidas durante 1951-52 [11]. Imediatamente depois dessas *Repeticiones*, você concebeu *Rotación*, de 1952 [12], que me parece ser capital, não só porque marca o início de suas peças seriadas,

10 *Muro óptico*, 1951.

surgidas diretamente da música, como também porque nela se manifesta pela primeira vez um traço característico de seu trabalho posterior: a presença de um elemento fixo e de um elemento móvel.

— JS A ideia era fazer um quadrado em movimento... Mas como? De que maneira poderia sugerir a sensação de movimento? No começo, pensei em fazer um quadrado transparente – como fiz em outras ocasiões – com a intenção de torná-lo mais abstrato, porque o que me interessava era a ideia do quadrado. Logo decidi fazê-lo em branco sobre

um fundo quase branco. Dessa maneira, além de usar a lição de Maliévitch, dava mais importância à superposição de dois valores luminosos que às formas em si. Por outro lado, o quadrado representava – e ainda representa para mim – a forma mais genuinamente humana no sentido de ser uma pura criação do homem. O quadrado e as figuras geométricas em geral são primordialmente uma invenção do espírito humano, são uma criação meramente intelectual, e o que me interessa particularmente nelas é que não possuem uma dimensão específica. Não são limitadas pelas relações de

11 *Sin título (progresión)*, 1952.

12 *Rotación*, 1952.

escala que existem entre o homem e os diversos objetos e seres da natureza. Uma casa e uma árvore possuem dimensões mais ou menos definidas, têm uma medida, ao passo que uma figura geométrica pode ser infinitamente pequena ou infinitamente grande, não tem limitações de ordem métrica e, por conseguinte, escapa completamente ao antropocentrismo comum à arte ocidental.

Nesse interesse de Soto pelas figuras geométricas e pelos volumes perfeitos, como o cubo, a pirâmide e a esfera (formas universais a partir das quais podem ser engendradas todas as demais), há certa dimensão platônica, que ele compartilha com a maioria dos artistas abstrato-geométricos.[44]

— JS Por essas razões, decidi usar o quadrado. Depois, na busca de tornar visível o movimento, resolvi repetir uma série de quadrados sobre a superfície com uma separação equivalente à medida do quadrado. Materializando uma de suas bordas por meio de uma linha negra, e fazendo parecer

—— 44 É claro que Mondrian, como, aliás, todo artista abstrato-geométrico, atribui a essas formas perfeitas um valor universal: "O artista de amanhã poderá partir cada vez mais do universal, mas o artista de hoje tinha de partir do natural (o individual)". Piet Mondrian, *La nueva imagen en la pintura*. Murcia: Colegio Oficial de Aparejadores y Arquitectos Técnicos, 1993, p. 95. Originalmente publicado na revista *De Stijl*, 11 set. 1978, pp. 127-34.

que esta deslocava-se ao redor do quadrado, consegui sugerir a ideia de que cada um dos quadrados girava no sentido dos ponteiros do relógio. Ao chegar à metade, me dei conta de que não precisava mais do quadrado branco e que bastava fazer girar a linha negra. Buscando sempre uma maior abstração, pensei em reduzir a linha a seus dois extremos, indicando-os por um par de pontos que giravam no mesmo sentido. Por último, já perto do final, quis representar esses pontos e fazer uma espécie de resumo de todos os seus movimentos, uma soma, e representei-os como se fossem sua projeção ortogonal sobre o plano, o que gerou essas linhas contínuas de pontos.

—— AJ A respeito dessa peça, Luis Pérez-Oramas me fez observar que, se seguirmos a sequência das linhas que sugerem o movimento do quadrado, descobriremos que a passagem de uma linha de quadrados para a seguinte, no sentido vertical, se dá por um salto equivalente a duas colunas. Quer dizer, na borda direita, faltam duas colunas de quadrados, que não foram representados, e isso cria um espaço virtual ou invisível que explica o salto existente entre uma linha de quadrados e a seguinte.

—— JS Era uma resposta ao conceito de obra aberta, como Umberto Eco assinala em seus livros, só que eu o fiz muito antes dele. *Rotación* é uma resposta a essa ideia de que a obra pode ser cortada em qualquer lugar, ou que poderia continuar indefinidamente sem que eu tivesse que pintá-la.

—— AJ Entretanto, não é este exatamente o problema de Umberto Eco, pois o que acontece em *Rotación* é que duas colunas de quadrados não foram pintadas, por isso elas têm mais relação com as linhas de pontos não pintadas nas experiências seriadas, como *Estudio para una serie*, do que com as *Repeticiones*, que são, de fato, verdadeiras obras abertas.[45]

—— JS Pode ser, mas o que me interessava naquele momento era a intuição de que não fazia falta representar tudo o que propunha, e que essas situações poderiam continuar indefinidamente em qualquer direção. Mas *Rotación* tinha outra função, que era fazer que os resultados da série pudessem estender-se até a parede. Era uma espécie de reação minha, cujo propósito era dar à superfície de suporte, a parede, a mesma importância das estruturas fabricadas no meu ateliê.

—— 45 Uma obra aberta, segundo Umberto Eco, seria aquela que incorporasse em sua estrutura plástica certa inclinação ao incompleto, ao instável, e, sobretudo, um convite à intervenção do espectador em diversos níveis e graus. A intervenção do espectador poderia ser psicológica ou física, o que importa é que a obra não se apresenta como uma forma completa e fechada sobre si mesma, mas como um processo continuamente aberto. Assim, a obra aberta tende a colocar o espectador como centro ativo de uma rede de relações inesgotáveis, não necessariamente orientadas a partir da obra. Ver Umberto Eco, *Opera aperta*. Milão: Bompiano, 1962 [ed. bras.: *Obra aberta*. 9ª ed. Trad. Giovanni Cutolo. São Paulo: Perspectiva, 2012].

—— AJ Nessa época você fez a maquete com que iria participar dos projetos de integração à arquitetura liderados por Carlos Raúl Villanueva.[46] É uma obra bem peculiar, pois parece reunir experiências de diferentes períodos. Combina, por exemplo, o problema da progressão, que você já tinha trabalhado em separado, com o tema da cor e da rotação de pequenos cubos [13].

—— JS Sim, é um mural que não cheguei a realizar, no qual tentava sugerir também a ideia de um cubo em movimento, como no caso de *Rotación*. Acrescentei linhas coloridas que se expandem para a direita e para a esquerda numa progressão sem limites determináveis. Interessante é que a cor já respondia a uma preocupação serial, já estava codificada.

—— AJ E por que você não pôde construir o mural?

—— JS Bem, por razões políticas, devido à oposição à ditadura militar. Meus amigos artistas me diziam que não devíamos colaborar com um regime militar e assim resolvi não

—— 46 Carlos Raúl Villanueva (1900-75). Arquiteto formado na França, amplamente reconhecido como o mais importante nome da arquitetura moderna venezuelana. Sua obra mais densa e influente é a Universidad Central de Venezuela, construída entre 1944 e 1964 (declarada Patrimônio Cultural da Humanidade pela Unesco em 2000). Villanueva empreendeu um ambicioso projeto de integração das artes, que atingiu seu momento de esplendor no início dos anos 1950. Participaram do projeto, entre outros artistas, Alexander Calder, Henri Laurens, Fernand Léger, Alejandro Otero, Anton Pevsner, Victor Valera, Victor Vasarely e Oswaldo Vigas.

13 *Sin título* [maquete para mural da Universidad Central de Venezuela], 1952-53.

fazê-lo... No fim, eles fizeram os deles e o único que não se fez foi o meu.[47]

—— AJ Mas, como estamos diante de uma maquete, e ainda porque a expressão do movimento *na* ou *a partir da* pintura comporta muitas ambiguidades interessantes, eu gostaria de saber de que maneira você concebeu tanto o movimento aparente desses cubos como a expansão das linhas de cor. Ambos ocorreram simultaneamente em sua

—— 47 De 1952 a 1958, o general Marcos Pérez Jiménez governou a Venezuela, de maneira ditatorial, até que foi derrubado por um golpe de Estado cívico-militar em 21 de janeiro de 1958.

imaginação, ou surgiram por etapas? Ou seja, devemos imaginar essa peça como um espaço onde os cubos, em seu conjunto, estariam simultaneamente em movimento, ou seria um movimento que passa de um cubo a outro, de modo que só um deles estaria em movimento de cada vez? Suponhamos que queremos animá-los em um vídeo, como deveríamos fazer?

— JS Não, creio que o objetivo era fazer como em *Rotación*, onde um quadrado girava primeiro, depois o outro, e assim consecutivamente... Todos esses movimentos deviam sugerir a ideia de um cubo girando no espaço.

— AJ Se não me engano, essas foram as últimas peças que você produziu antes de passar às experiências seriais propriamente ditas. Já se percebe nelas um grande rigor; cada linha, cada ponto, responde a uma intenção muito precisa. O que me interessa especialmente em suas peças seguintes é que nelas se manifestam dois aspectos que, a meu ver, são fundamentais na arte moderna. Um deles é a relação entre a música e as artes plásticas. Desde Gauguin, e mais tarde Kandinski e Klee, a música oferece ao pintor exemplos de uma construção plástica não descritiva. Ao mesmo tempo, a pintura proporciona à música diversas possibilidades construtivas, como se pode verificar no caso do compositor Pierre Boulez, que, em 1950-51, falou sobre a influência que recebera de certas obras de Paul Klee. O segundo aspecto que me interessa diz respeito à necessidade de transcender os limites antropocêntricos das artes visuais, atacando a perspectiva, a composição e o gosto.

— JS Não é bem que Pierre Boulez tenha despertado meu interesse nas novas estruturas musicais. Ele me interessou, sobretudo, pelo conceito de revolução musical, devido à sua ideia de revolucionar o fenômeno artístico-sonoro. Naquela época, Boulez compôs "Le Marteau sans maître" [O martelo sem mestre], cuja estrutura não segue o sistema tradicional de harmonia. Tivemos uma boa relação pessoal, e ele inclusive chegou a me convidar para trabalharmos juntos no Festival Stockhausen, na Alemanha. Infelizmente, eu já tinha me comprometido com o pavilhão da Venezuela em Bruxelas, e não pude fazer as duas coisas. Isso nos separou e desde então não nos vimos mais. Meu conhecimento sobre as novas estruturas musicais, o sistema dodecafônico e as experiências seriais deveu-se a um livro de René Leibowitz.[48] Ex-aluno de Anton Webern, Leibowitz escreveu um livro sobre o sistema dodecafônico que li e estudei religiosamente,

— 48 René Leibowitz (1913-72). Maestro, compositor e ensaísta francês de origem polonesa. No final da Segunda Guerra Mundial, quando a música dodecafônica de Schoenberg ainda era em grande parte desconhecida, Leibowitz começou a ensinar essa nova linguagem musical a um pequeno grupo de músicos (Pierre Boulez, Michel Philippot, Jean-Louis Martinet e Serge Nigg). Escreveu o livro *Introduction à la musique des douze sons* (Paris, 1949), que foi o ponto de partida para as experiências seriais que Soto realizou entre 1952 e 1953.

tentando entender os novos sistemas musicais e na busca de uma estratégia para traduzi-los no campo das artes visuais.

Quando entendi a música serial, descobri um mundo fabuloso onde o som não era usado em função do gosto; a ensamblagem dos valores sonoros estava perfeitamente codificada. Cada valor musical era um número, e, utilizando-se parâmetros cujas medidas não correspondiam às tradicionais, era possível produzir uma música completamente diferente. Seguindo esse exemplo, resolvi codificar os elementos plásticos e restringir-me ao uso de oito cores. A cada cor correspondia um número. Eu queria eliminar toda subjetividade ligada ao gosto pessoal, inclusive ao meu. Não era um verde-oliva com nuanças avermelhadas, nem um rosa-escuro, cores que se prestam a confusão, mas três cores primárias, três cores secundárias, o branco e o preto (mais tarde introduzi o ultravioleta, que era considerado uma cor sublime. Para isso, preparei um violeta relativamente claro, que acrescentei à série). O branco era o número 1, o amarelo, o 2, o laranja, o 3, o roxo, o 4, o verde, o 5, o azul, o 6, o violeta, o 7, e o ultravioleta, o 8; por último, o preto era o número 9. Após codificar as cores, resolvi permutá-las como se faz com as notas na música serial. Não permutava cores, mas séries numéricas muito simples: 4-1, 4-5, 3-7... e assim sucessivamente.

Qual não foi minha surpresa quando percebi que, partindo desses elementos básicos e respeitando as permutações estabelecidas, conseguia obter um conjunto de estruturas que funcionavam do ponto de vista plástico![49] Em algumas dessas estruturas, inclusive, os pontos começavam a mover-se e a vibrar de uma maneira impressionista, quase pontilhista. Todos os pontos que descem verticalmente provêm do meu estudo anterior para *Rotación*, quer dizer, eram uma projeção do ponto até onde houvesse espaço. Nesse instante, compreendi que estava diante de um mundo maravilhoso, e que era possível codificar elementos pictóricos assim como os músicos haviam feito com o som. Eu continuava preocupado com o problema do movimento e por isso acrescentei alguns elementos que, como em *Rotación*, tentavam sugerir o movimento de um elemento no espaço. Fiz isso em *Estudio para una serie*, de 1952-53 [14]. Às vezes, entre duas séries eu colocava uma linha de círculos sem cor, apenas uma marca feita com uma perfuradora. Depois, indi-

49 É importante notar que, com base no exemplo proporcionado pela música serial, Soto imaginou um método de codificação restrito à cor e à forma, de modo que sua distribuição sobre o espaço da tela não respondesse a critérios pessoais e discricionários. Nesse sentido, as estruturas numéricas estabelecidas eram determinadas sem prévio conhecimento do resultado visual, plástico, de tais permutações. Daí a surpresa que Soto diz ter sentido ao descobrir o resultado final. De certa forma, tratava-se de um método de distanciamento que, naturalmente, só podia ser eficaz por um momento. Em *Estudio para una serie*, por exemplo, um dos números permutados correspondia à cor, o outro ao número de linhas de círculos.

14 *Estudio para una serie*, 1952-53.

cava uma pequena linha que parecia girar dentro do círculo... Umas em cima, outras do lado direito, a seguinte abaixo, de maneira que o círculo parecesse girar no sentido dos ponteiros do relógio...

—— AJ Conheço essa peça, mas não me lembro de ter visto as marcas que você descreveu.

—— JS Acontece que um dia pedi a Mirtha, mulher de Carlos Cruz-Diez, que restaurasse o trabalho para uma exposição e, ao repintar o fundo branco, algumas marcas foram cobertas de tinta. Se você olhar com cuidado, ainda poderá notá-las em vários lugares.

—— AJ A peça intitulada *Pintura serial*, de 1952-53 **[15]**, foi reproduzida em todas as direções. Quando você a produziu, pensou em dar-lhe uma orientação exata?

—— JS Quando a fiz, imaginei-a com os triângulos orientados para a direita, talvez por influência do sentido da leitura no mundo ocidental.[50] Mas a verdade é que esse fato não tinha a menor importância para mim. Os triângulos grandes não fazem mais que situar a evolução permutável das nove cores em seu percurso. As duas obras, *Pintura serial* e *Estudio para una serie*, não têm uma parte de cima e uma parte de baixo, posições horizontais, verticais ou diagonais. Pode-se colocá-las no chão ou no teto, sem que sua interpretação se modifique; é possível até nos movermos ao redor delas. Poderiam estar voltadas para qualquer direção, mas eu precisava dar-lhes pontos de referência para que as pessoas

—— 50 Durante nossa conversa, Soto afirmou que os triângulos maiores estavam originalmente orientados para a direita. No entanto, as inscrições existentes no dorso da obra, assinalando-lhe a parte superior, indicariam uma orientação desses triângulos para a esquerda. Essa orientação e sua coincidência com a diminuição da espessura material da pintura parecem coerentes com a vontade de pensar o que Soto chama "a essência imaterial do universo".

15 *Pintura serial*, 1952-53.

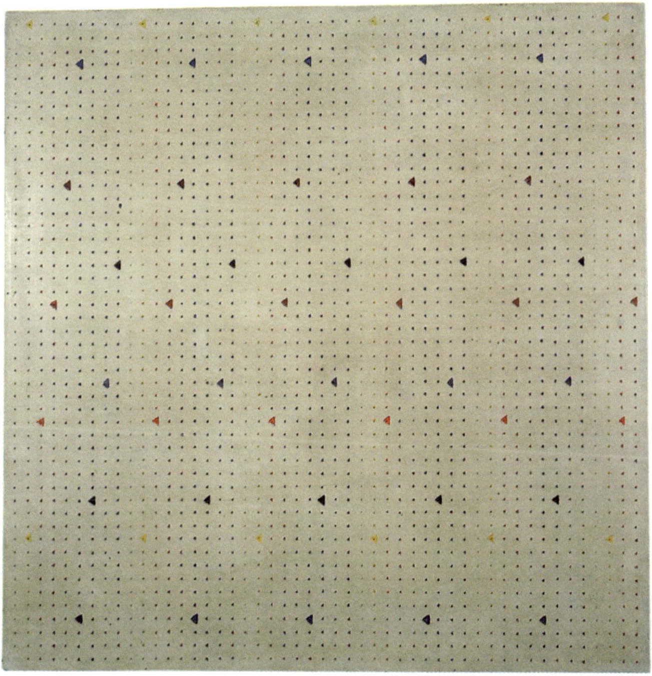

pudessem entender. Por isso, fiz as linhas que indicavam o movimento, porque, se não as fizesse, ninguém entenderia. Eu tinha de explicar que elas funcionavam assim. Isso talvez tenha a ver com minha formação de professor. Não se esqueça de que estudei pedagogia durante mais de quatro anos.

—— AJ Há dois fatos curiosos em *Pintura serial*. Por um lado, a espessura material da pintura vai diminuindo no sentido indicado pelos triângulos grandes, como se você quisesse sugerir que a evolução nele descrita levasse necessariamente à sua desmaterialização. Por outro lado, cada triângulo – os grandes e os pequenos – tem um pequeno orifício no centro. O que você estava buscando, primeiro, com a diminuição da espessura da pintura e sua coincidência com o sentido sugerido pelos triângulos, e, segundo, a que preocupações correspondem esses orifícios? [16]

— JS Você faz uma observação bem interessante. É verdade que, se a evolução teórica da pintura se estende até a parede, a obra acabaria em algum momento, porque é imaterial. Todos esses elementos foram e continuam sendo essenciais na evolução do meu trabalho. Os orifícios têm uma origem mais circunstancial. Naquela época, cada vez que eu enviava um quadro mal embalado – por mim mesmo, é claro – e ele sofria danos, os organizadores das exposições achavam mais fácil passar um rolinho de tinta branca sobre a pintura, e depois repintá-la, que restaurar o quadro. Assim, busquei evitar que o rolo, pelo menos, não chegasse à pequena perfuração.[51]

—— 51 Esse método curioso de restauração parece indicar, antes de tudo, o caráter trivial da experimentação que se atribuía na época àquelas peças e, portanto, o pouco respeito que as pessoas tinham por elas. Atualmente, seria inconcebível que organizadores de uma exposição repintassem uma obra a pretexto de restaurá-la.

16 *Pintura serial*, 1952-53, [detalhe].

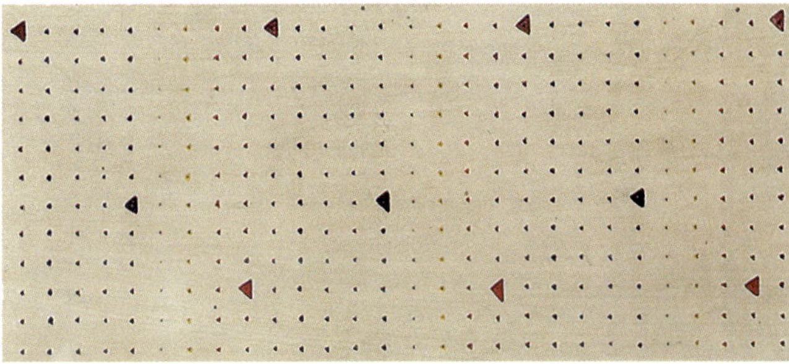

—— AJ Há dois aspectos em seu trabalho desse período que me parecem fundamentais e que eu gostaria de sublinhar. Um deles é o desejo de transcender o gosto. Naquele tempo, como você já declarou em diversas ocasiões, a arte abstrata parecia ter chegado às suas últimas consequências. No seu entender, porém – e aí reside a importância de suas reflexões –, se você continuasse a seguir esse caminho no qual o gosto determinava a construção da obra, seu trabalho não teria passado de uma série de variações, mais ou menos belas, no estilo de Mondrian. A partir das experiências seriais, e especialmente do abandono quase total das noções tradicionais de beleza, gosto e composição, você conseguiu encontrar um novo caminho. A prova de que essa atitude não era um capricho pessoal, mas uma necessidade da época, é a impressionante coincidência entre o que você fazia e o que Pierre Boulez assinala a respeito de sua obra intitulada *Structures*, de 1951: "Para mim era um teste, isso que chamam de dúvida, a dúvida cartesiana; questionar tudo, fazer tábula rasa da herança e recomeçar do zero, para ver como poderia reconstruir a escrita a partir de um fenômeno que havia aniquilado a invenção individual".[52] O segundo aspecto é a ideia de romper com o que você chama de antropocentrismo. O fato de essas obras serem estruturas sem começo nem fim, que podiam continuar para sempre, faz delas o fragmento de uma realidade que, em princípio, não pode ser compreendida em escala humana.

— JS **No fundo, quando compreendi o problema da abstração, disse a mim mesmo que era absurdo continuar com um formalismo que não rompia realmente com as estruturas utilizadas pela arte figurativa de todos os tempos, e que tantos artistas da época estavam realizando. É justamente por isso que a abstração praticada em fins dos anos 1940 e início dos 1950 não conseguiu avançar. O que se fazia geralmente não passava de uma reinterpretação da estrutura geométrica usada pelos grandes mestres clássicos.**

Por exemplo, vou lhe contar sobre uma das coisas que me fascinaram durante meus estudos na Escuela de Artes Plásticas y Artes Aplicadas de Caracas, quando descobri a *Vênus* de Giorgione. Aquela figura me pareceu muito especial e, no fundo, não tinha nada a ver com um nu. Quando comecei a desenhá-la, achei que o corpo da *Vênus* era composto de

52 Pierre Boulez, *Par Volonté et par hasard*. Paris: Seuil, 1975, p. 70.

duas elipses que se entrelaçavam na altura do ventre. A primeira elipse era formada pelo torso e pela posição do braço direito, e a segunda pela peculiar posição das pernas. Lembro-me de que mais tarde, quando fui pintar uma paisagem, usei essa mesma estrutura para organizar os campos. Foi um dos mais belos trabalhos que fiz naqueles anos. Desde então, sempre disse que a arte se estrutura de um modo que ultrapassa a imitação das formas naturais e que até nos períodos históricos nos quais não parecia haver outro objetivo os grandes artistas se utilizaram da natureza como um ponto de partida para a construção de outra realidade, e que este é o verdadeiro sentido da arte. O melhor exemplo do que estou falando encontra-se no Renascimento.

Por isso, no início da década de 1950, quando comecei a analisar a abstração, compreendi que não podia avançar nessa direção e que, portanto, aquela porta estava fechada. Concluí que ao construir minhas obras com base na triangulação e na geometrização, como haviam feito Giorgione e os melhores pintores do Renascimento, eu não estava refletindo com profundidade sobre o problema da estrutura, mas, em vez disso, estava extraindo deles as formas básicas de composição, e isso era quase um plágio. Estávamos usurpando deles nossa capacidade de invenção, quando o que deveríamos fazer era inventar a abstração. Por isso, renunciei ao meu amor por Giorgione e abri mão do estudo da triangulação típica do Renascimento. Era indispensável encontrar uma via diferente para estruturar a superfície pictórica, caso contrário, eu permaneceria atado a uma tradição de séculos e ao antropocentrismo que repudiava. Eu não tinha interesse na figura humana, só me interessava o homem como ideia, como criador de ideias.[53]

—— AJ Então você encontrou na música uma nova maneira de pensar a estrutura.

—— JS Mesmo antes, com as primeiras *Repeticiones*. Para dizer a verdade, não sei que intuição me levou a criar aquelas primeiras *Repeticiones*. Em *Repetición óptica nº 2* já havia a intenção de romper com a tradição do desenho e com os limites do antropocentrismo. Além disso, a codificação rigorosa dos elementos pictóricos que tentei adotar não foi a única saída que se buscou naquele momento para a estagnação da arte abstrata. Os adeptos do informalismo também tentaram encontrar soluções. E a reação da abordagem informal ao academicismo abstrato me pareceu bem interessante: eles estavam fazendo basicamente a mesma coisa. Na realidade, o que os informalistas faziam era pouco menos que aumentar segmentos de uma pintura clássica a fim de reencontrar o prazer do ofício – os empastamentos de um Rembrandt, a pincelada, a cor – sem se afastarem das estruturas básicas da pintura figurativa. Eu entendia a abs-

—— 53 "O pintor só é criador quando as formas de seu quadro não têm nada a ver com a natureza." K. Maliévitch, *De Cézanne au Suprématisme*, op. cit., p. 55.

tração como ideia pura, porque o abstrato na consciência do homem, sobretudo do homem ocidental, não tem nada a ver com o representativo. Em princípio, o abstrato deve ser estrutura pura. Comecei então a procurar outras atividades com as quais pudesse alcançar uma relação que satisfizesse minha ideia do abstrato, e encontrei essa relação apenas na matemática e na música. Todavia, considerando que eu não tinha nem a formação necessária em ciências, nem tempo para dedicar-me a estudar matemática durante cinco anos, intuí que através da música eu poderia encontrar uma forma diferente de lidar com os elementos pictóricos que correspondesse melhor ao meu conceito de abstração, e que era uma maneira diferente de decifrar o universo.

—— AJ Contudo, as experiências estritamente seriais o ocuparam durante muito pouco tempo. Foram mais um experimento circunstancial que ajudou a organizar e a controlar os materiais de que você dispunha, como a organização do seu espaço de trabalho, das suas ferramentas e materiais, enquanto o desafio da pintura em si permaneceu irresoluto. Logo, surgiria a questão da superposição de tramas sobre planos transparentes e da vibração que deriva delas. E você passou de uma prática pictórica que sugeria realidades exteriores, como a transparência aparente de um quadrado ou o movimento de uma linha no espaço, para outra prática que punha em ação fenômenos plásticos e, no caso do movimento, o deslocamento do espectador.

— JS Isso aconteceu quando comecei a sentir necessidade de introduzir o espaço real. O *Muro blanco*, de 1952-53, por exemplo [17], que ainda é uma construção serial, pode ser associado a *Rotación*, de 1952. É a mesma ideia de um quadrado que roda no espaço e que tentei sugerir com a inclinação dos planos para baixo, depois para cima, à esquerda e à direita. A novidade é que dessa vez não é pintado, mas criado pela espessura do próprio quadrado. Nesse trabalho, dei continuidade ao objetivo de obter uma espécie de simbiose entre a parede e os quadros pendurados nela, e foi com essa ideia em mente que coloquei 24 painéis brancos de 50 × 50 cm. Podia ter usado outra cor, mas o branco oferecia menos sugestões externas à ideia, tornando-se mais neutro. Quatro desses quadrados pequenos se perderam no Museo de Bellas Artes, provavelmente durante o transporte, quando fiz minha exposição.[54] Resolvi reconstruí-los junto com Miguel Arroyo,[55] e lembro que nunca fiquei satisfeito com a série reconstruída. Um dia, quem sabe, a série original poderá ser reunida. Ainda tenho esperança de que um dia seja possível encontrar o resultado inicial, pois não se

— 54 A exposição intitulada *Soto. Estructuras cinéticas* foi inaugurada no dia 30 de junho de 1957, no Museo de Bellas Artes de Caracas.

— 55 Miguel Arroyo (1930-2004). Artista plástico, curador e museólogo, iniciador da museologia moderna na Venezuela. Diretor do Museo de Bellas Artes de Caracas entre 1959 e 1976.

trata de um problema com a cor. Se você examinar cuidadosamente as 24 peças, verá que as quatro reconstruídas têm outro tipo de madeira. Entretanto, não é nessa peça que introduzo realmente o espaço, mas em *Dos cuadrados en el espacio*, de 1953 [18]. Essa obra apresenta dois quadrados exatamente iguais: um que ocupa o lado esquerdo do suporte e outro que está à direita deste, sobre uma chapa de acrílico transparente, a certa distância do fundo. Na frente do quadrado da esquerda, coloquei uma linha vertical destinada a materializar o espaço que pode ser observado entre o quadrado e o acrílico, enquanto o quadrado da direita cria um cubo virtual ao projetar sua sombra sobre o fundo.

—— AJ É interessante notar que nessas peças, como nas que as seguiram durante quase dois anos, a estrutura básica é a mesma usada por Maliévitch na obra *Composição suprematista: Branco sobre branco*, isto é, dois elementos iguais ou equivalentes, um dos quais se desloca em relação ao outro.

—— JS É verdade que comecei com o objetivo de dinamizar as obras de Mondrian, mas, se analisarmos minha produção desses anos, veremos que está impregnada do pensamento de Maliévitch. Eu queria trabalhar o quadrado como algo imaterial e, por isso, pensei em usar o branco ou cores transparentes, inclusive em vernizes sobre chapas de acrílico. Tentei construí-lo mediante a repetição de pequenos quadrados ou tramas de pontos. Em *Desplazamiento de un cuadrado transparente*, de 1953-54, pode-se perceber

17 *Muro blanco*, 1952-53.

18 *Dos cuadrados en el espacio*, 1953.

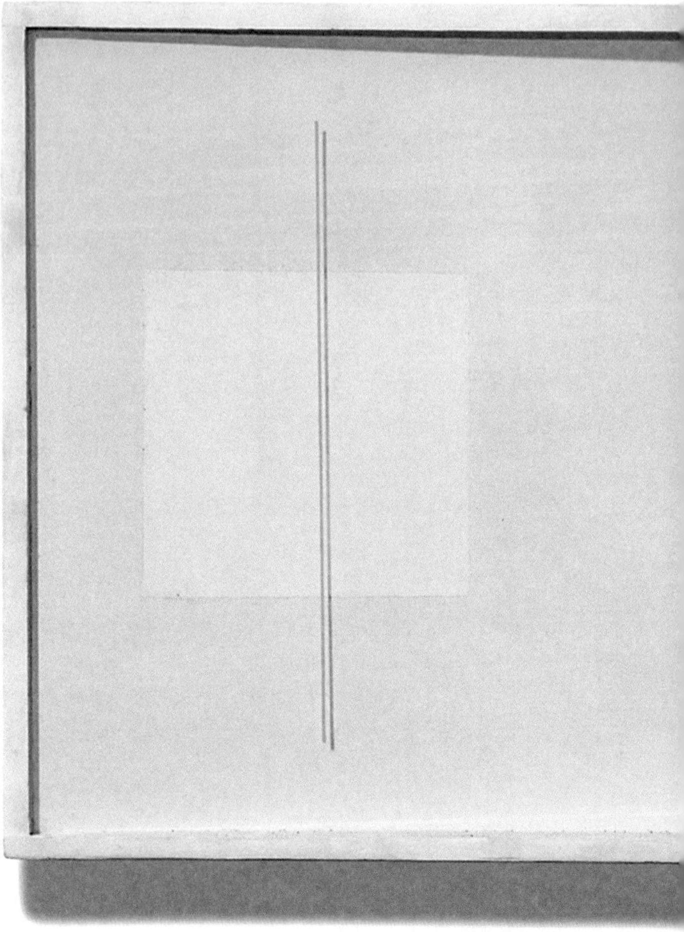

claramente essa intenção e o fundamento do que me levaria mais tarde à superposição de um plano transparente sobre outro [19]. No fundo, antes mesmo de usar o acrílico, eu via esses planos como verdadeiras sobreposições. Sobre um quadrado amarelo movem-se outros dois quadrados, um deles formado por quadrículos e o outro por pontos, o que os tornava transparentes. É parecido com o que ocorre em *Desplazamiento de un elemento luminoso*, de 1954 [20]. Eu tinha visto Georges Koskas,[56] quando ele estava fazendo sobreposições de pontos brancos sobre pontos pretos no plano. Dali nasceu a ideia de sobrepor essas tramas de pontos com a ajuda do acrílico. Lembro-me de um dia estar percorrendo a seção de ferramentas e equipamentos elétricos da BHV [loja de departamentos francesa], quando me deparei com uma placa de aglomerado com buracos redondos, utilizada, se não me engano, para prender peças de rádio ou como grelha de ventilação. Resolvi comprá-la porque tinha certeza de que poderia fazer alguma coisa com ela. Comecei copiando todos aqueles pontos em branco na superfície do acrílico. Depois pintei o papelão de preto e coloquei-a sobre um fundo branco. A ideia era sobrepor as duas tramas de pontos deslocando-as ligeiramente. Dessa sobreposição e do deslocamento entre as duas tramas idênticas surgiram

56 Georges Koskas (n. 1926). Pintor francês nascido na Tunísia, representante da abstração geométrica na França nos anos 1940-50.

19 *Desplazamiento de un cuadrado transparente*, 1953-54.

20 *Desplazamiento de un elemento luminoso*, 1954.

formas que insinuavam o aparecimento de um terceiro valor. Posteriormente, essa peça me levou a outra, na qual descobri uma situação verdadeiramente nova: *Metamorfosis*, de 1954 [21].[57] Sobrepondo uma trama de pontos a uma trama de quadrados pequenos, descobri um fenômeno que me deixou *flutuante* de felicidade durante quase uma semana: é que, ao superpor as tramas, apareceram núcleos luminosos que giravam e se moviam quando eu mudava de posição na frente deles. Quando Vasarely viu esse quadro, disse que eu devia dar-lhe o nome de "Andrômeda", por causa daqueles sóis que pareciam girar. Mas eu não quis fazê-lo, porque o nome sugeria uma base figurativa que não tinha nada a ver com meu trabalho. Chamei-o de *Metamorfosis*, porque da sobreposição de dois elementos similares surgiram os pequenos pontos luminosos e imateriais. Eram grupos; eu os chamava de grupos porque apareceram vários núcleos circulares organizados simetricamente.[58]

57 Em conversas posteriores, Soto parecia ter dúvidas sobre a verdadeira sequência entre *Desplazamiento de un elemento luminoso* e *Metamorfosis*. São peças produzidas no mesmo ano e que estudam problemas próximos. Contudo, a coerência estrutural de *Metamorfosis* e sua evidente influência em obras ulteriores nos fazem crer que ela seja, de fato, posterior a *Desplazamiento de un elemento luminoso*.

58 "Somente quando o pintor faz com que o espectador veja mais do que é (fisicamente) apresentado, é capaz de produzir efeitos perceptivos (psicológicos)." Josef Albers, "El op art y/o los efectos perceptivos". *Yale Scientific Magazine*, nov. 1965.

21 *Metamorfosis*, 1954.

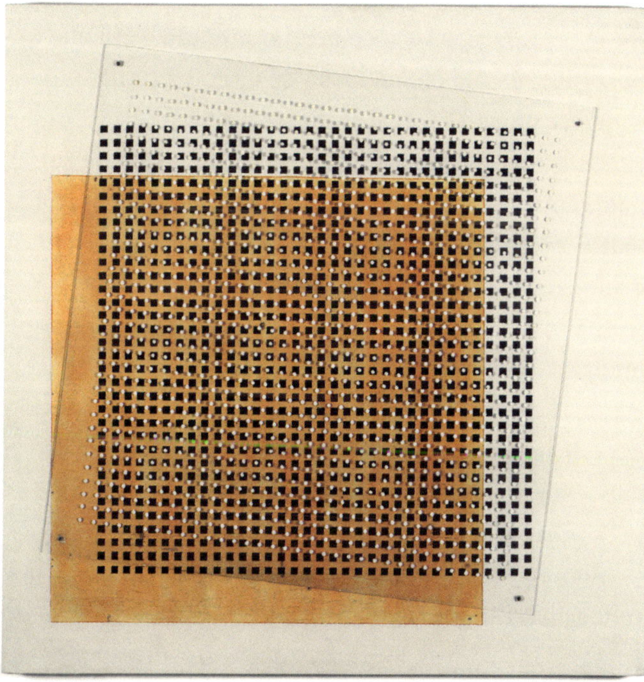

—— AJ Não deixa de ser interessante o fato de que, quando se produziu em seu trabalho um efeito de movimento real e de núcleos de luz, você tenha experimentado tanto prazer. Não posso deixar de pensar que alguma ligação importante o conectava às suas leituras infantis de Dante, onde Deus era descrito justamente como círculos de luz, e com o *Branco*

sobre branco de Maliévitch, que era a maneira perfeita de capturar a luz na tela, para usar suas próprias palavras.

—— JS Talvez, e se você prestar atenção, verá que *Metamorfosis* é uma combinação de círculos e quadrados... Como se unisse Dante e Maliévitch. O fato é que, observando a sobreposição de pontos, me dei conta de que alguma coisa nova estava acontecendo, e por isso tentei dar vida e movimento ao que estava acontecendo ali. Por fim, decidi separá-los por cerca de cinco centímetros, dessa forma inseri o espaço real e obtive um movimento que ainda não conseguira com *Metamorfosis*; isso levou a *Puntos blancos sobre puntos negros*, de 1954 [22]. Continuei fazendo experiências e em alguns casos me dediquei ao estudo do cubo, prosseguindo no caminho de *Dos cuadrados en el espacio*, de 1953.

Sobrepondo quadrados brancos e pretos, outros pintados com um tipo de verniz que me permitia obter diversas densidades de transparência até a saturação do branco, cheguei a *Cubos sugeridos*, de 1955, peça em que me propus sugerir o cubo com um mínimo de elementos. Em seguida, passei para *La cajita de Villanueva*, também de 1955 [23].

—— AJ Que é onde você emprega pela primeira vez a trama de linhas característica de seu trabalho posterior.

—— JS Sim, e isso possivelmente deriva das primeiras *Repeticiones*, como o quadro dos erres, onde eu quis alcançar

22 *Puntos blancos sobre puntos negros*, 1954.

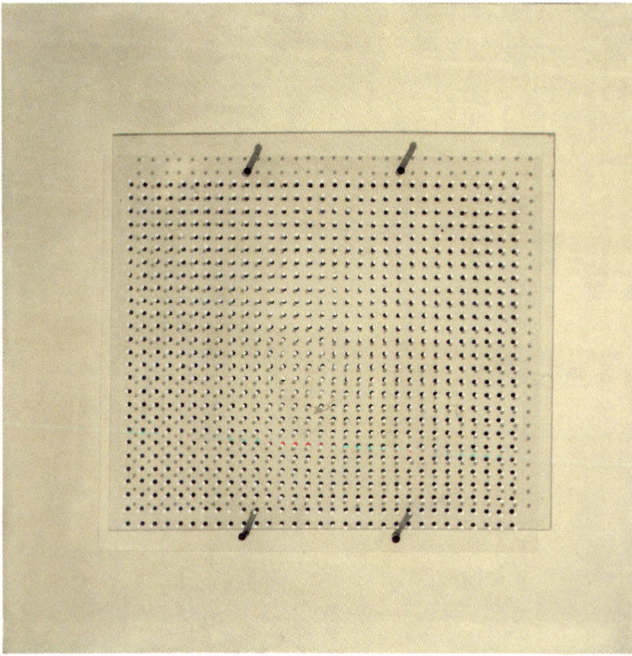

um estado vibratório mediante a repetição de um elemento. Em *La cajita de Villanueva* há um aspecto novo, além da vibração: a peça obtinha uma ambiguidade óptica que tornava difícil determinar onde estavam os quadrados. De repente, parecia que o quadrado preto estava no fundo e às vezes parecia estar no primeiro plano.

—— AJ É impressionante ver a perfeita coerência do seu

23 *La cajita de Villanueva*, 1955.

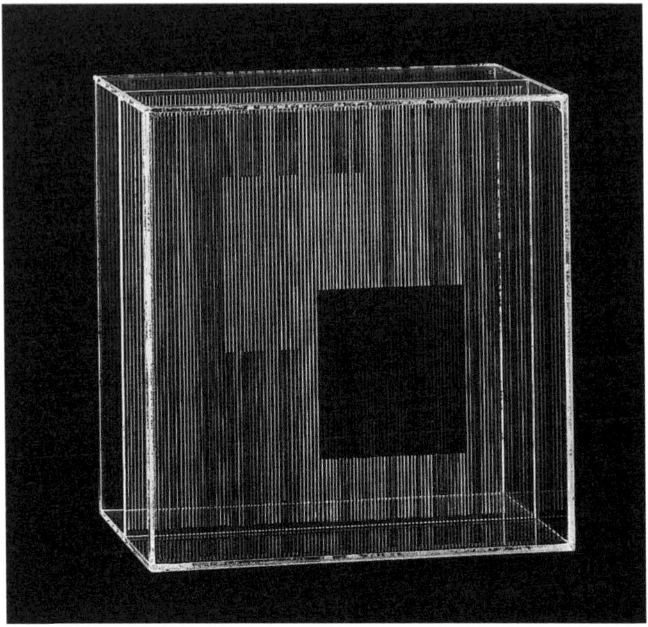

processo, uma obra leva à outra, uma propõe interrogações que a seguinte resolve ou desenvolve, tudo com uma precisão metódica. Quase poderíamos imaginá-lo igual ao artista sonhado por Paul Valéry, trabalhando meticulosamente, resolvendo problemas plásticos como um cirurgião, com seu avental branco impecável. Para Valéry – e creio que seu caso seja igual – o objetivo do artista não é expressar a emoção que ele sente no trabalho criador ou numa experiência particular, mas produzi-la no espectador ou, melhor ainda, despertar nele a reflexão. Mas conhecemos pouquíssimas obras desse momento, e todas parecem suceder-se com uma precisão surpreendente. Você fez muito poucas peças nesse período ou muitas se perderam?

—— JS Sim, fiz muito poucas peças. Acontece que eu não tinha muito tempo para fazer meu trabalho. Não esqueça que eu vivia do violão, tocava à noite, de modo que meu tempo livre era bem escasso. Trabalhava dentro dos limites dessa disponibilidade reduzida e só concretizava as ideias que me pareciam fundamentais. E assim foi pelo menos até 1957, quando comecei de fato a vender e pude viver do meu trabalho de artista plástico.

—— AJ E quais eram suas leituras, suas preocupações intelectuais?

—— JS A música me permitira descobrir estruturas independentes do gosto, mas, naquela época, minha grande preocupação era a noção de espaço-tempo e todas as ideias provenientes da física e da matemática. Como eu não fazia a menor ideia dessas coisas, porque não havia estudado nada depois da escola fundamental, da qual passei diretamente para a Escuela de Artes Plásticas y Artes Aplicadas de Caracas, cada vez que encontrava alguém que tinha conhecimento desses assuntos, aproveitava para fazer todas as perguntas possíveis. Foi o que fiz com meu amigo Jorge Vicente Ortiz, que era matemático. Passei noites inteiras conversando com ele sobre as novas ideias científicas, entre as quais descobri uma concepção da natureza que era muito distante da noção que tínhamos dela, da matéria, da energia, do espaço e do tempo. Tempos depois, conheci David Medalla,[59] um filipino muito boêmio que, segundo parece, era gênio em matemática. Conversei muito com ele sobre minhas preocupações científicas, e um dia ele me deu um livro, no qual, me disse, eu poderia encontrar tudo o que buscava. Era *O novo espírito científico*, de Gaston Bachelard.

—— AJ Você acha que essas noções científicas o influenciaram diretamente?

—— JS Totalmente... Desde muito cedo, quando eu estudava em Caracas, concebia a arte como uma atividade que não se limitava a gerar prazer estético, mas que significava uma contribuição ao pensamento humano, em proporções equivalentes às da ciência ou da filosofia. Sempre pensei que, se na Antiguidade greco-romana e no Renascimento o pensamento artístico alcançava os níveis da filosofia e da ciência, devíamos recuperar, em nossa área de atividade, esse mesmo respeito. Por essas razões, para mim, a atividade de um artista não era, nem é, uma coisa impulsiva e destinada a criar o que chamam de uma linguagem pessoal, reflexo de uma personalidade excepcional. Ao contrário, estou convencido

—— 59 David Medalla (n. 1942). Artista filipino cofundador da Signals Gallery em Londres. Amigo de Soto nos primeiros anos da década de 1950, ajudou-o a compreender alguns dos mais importantes problemas da física moderna.

de que a arte tem problemas próprios, que correspondem a determinado momento histórico, e somente quando encontrarmos respostas para eles é que nosso trabalho poderá adquirir um valor transcendental para a humanidade.

DESMATERIALIZAR OS CORPOS

—— AJ O ano de 1955 é uma data importante em sua história pessoal, é o ano da primeira exposição histórica da arte cinética na Galerie Denise René, onde começa de fato sua carreira internacional.[60] Em seu trabalho plástico, é o ano em que você cria *La cajita de Villanueva*, onde aparecem as tramas que vão caracterizar grande parte de sua produção posterior, a ambiguidade espacial que resulta da sobreposição de quadrados a essas tramas, e também da *Espiral*. Um primeiro período de experimentação parece encerrar-se aí. Produz-se então um fenômeno semelhante

—— 60 Em 1955, a galerista Denise René teve a ideia de reunir numa mesma exposição um conjunto de artistas que, por vias e meios distintos, buscavam uma maneira de integrar o tempo real e o movimento na obra de arte. A exposição marca o nascimento oficial do cinetismo cujo desenvolvimento seria considerável durante a segunda metade do século XX. Abarcava desde a ironia de um Duchamp, que vê no óptico uma manifestação retiniana e superficial das artes, até um Soto, que acredita ver nos efeitos ópticos uma maneira de sugerir realidades mais profundas a partir do "real".

à passagem do cubismo analítico para o sintético: uma vez resolvidas as questões espaciais e estruturais do trabalho, a cor reapareceu.

—— JS *Espiral* nasceu depois que vi a rotativa de Duchamp exibida na primeira exposição, *Le Mouvement*, organizada por Denise René [24]. Eu queria fazer algo similar sem a intervenção de um motor. E consegui, superpondo duas espirais, uma branca e uma preta, só que a espiral do primeiro plano gira para a direita. Isso induz um movimento óptico à medida que nos deslocamos na frente da peça, quase como se fosse um jorro de luz saindo de dentro da obra. Quanto à cor, pensei que, se a cor era produto da luz, e eu estava trabalhando com vibrações luminosas, por que excluí-la? Passei então a inserir a cor em seu estado vibratório.

—— AJ Era como retornar ao impressionismo, dessa vez a partir da estrutura pura, sem a representação da paisagem. O próprio título de sua obra, *Luz plateada*, de 1956, retoma o adjetivo que você costuma usar quando fala sobre o impressionismo francês.

—— JS É verdade. Minha intenção era usar a cor em estado de movimento, não como harmonia cromática, que é outro dos resquícios acadêmicos que eu repelia, assim como fugia da composição e do equilíbrio. O que eu buscava estava e está muito distante de obter uma bela harmonia de cores. Só me interessa obter as combinações em que

24 *Espiral*, 1955.

a cor tenha uma grande força vibratória e nas quais esteja evidente a ambiguidade espacial que resulte de suas sobreposições [25]. Um dos grandes inconvenientes do público é a eterna busca pela harmonia e pela beleza das combinações, e isso jamais será encontrado no meu trabalho.

—— AJ Apesar disso, uma de suas estruturas cinéticas de acrílico leva o título de *Armonía transformable* [26].

25 *Doble transparencia*, 1956.

JS Sim, mas fiz isso porque era a única maneira de atrair as pessoas que não entendiam a essência da abstração. Se não procurasse as palavras certas, elas veriam qualquer coisa menos uma obra de arte.

AJ Bem, nessa *Armonía transformable* também ocorre algo importante e que marca uma nova etapa de seu trabalho. Sua pintura deixou de ser o plano tradicional onde se

26 *Armonía transformable* [vista de lado], 1956.

projetava uma "visão". Com isso quero salientar a ruptura do plano que servia de fundo, de modo que não havia mais figura e fundo, apenas uma continuidade dinâmica que reclama a participação ativa do espectador.

JS Claro, e por isso construí a peça em vários planos. Embora a ruptura com a relação tradicional figura-fundo já se desse em *La cajita de Villanueva*. Por outro lado, desde a primeira *Repetición*, aquela que lembra um tabuleiro de xadrez, eu me opunha à ideia do plano como projeção de uma realidade visual.

—— AJ Em 1957, você abandonou o acrílico para materializar suas tramas com varetas metálicas soldadas entre si. Nesse mesmo ano, aparece pela primeira vez a sobreposição de uma linha metálica à trama do fundo, abrindo caminho para as *Vibraciones*.

—— JS Exatamente, porque eu quis me libertar do acrílico. Jamais quis que me impusessem uma ideia ou uma maneira de proceder; quando sinto que isso está acontecendo, reajo contra. São nesses momentos que aparecem cortes abruptos no meu processo. Com o acrílico vinha ocorrendo uma coisa desse tipo; ele se impunha a mim com tanta força que parecia essencial para meu trabalho, e o público começou a vê-lo como um valor estético, o que me aborreceu bastante, porque eu só estava interessado nele como um meio para desenhar no espaço [27]. Por isso inventei essa técnica que me permitia sobrepor as tramas por intermédio de varetas metálicas soldadas entre si, sem o elemento adicional do acrílico. O curioso é que o resultado das vibrações obtidas dava a mesma sensação do acrílico. Fiz esse trabalho na Venezuela, quando apresentei minha exposição no Museo de Bellas Artes. A primeira peça eu dei de presente para Carlos Raúl Villa-

—— 27 *Trapecio*, 1957.

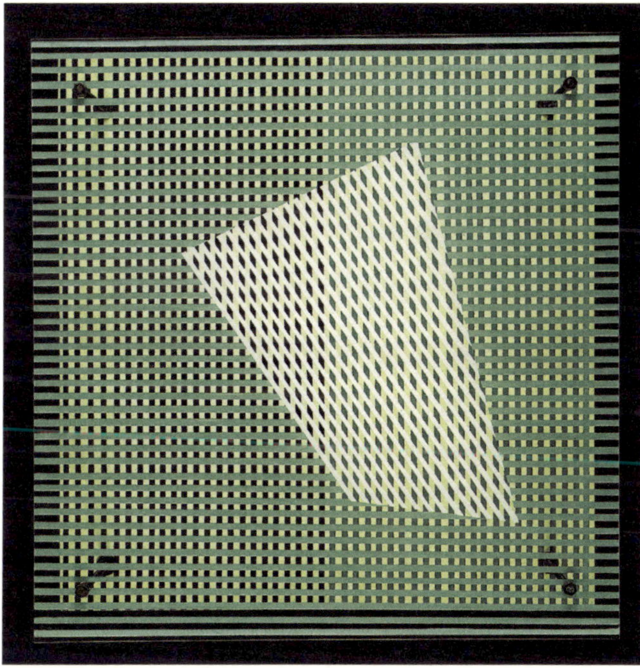

nueva, porque ele gostou muito. Levou-a à universidade e fez uma palestra sobre ela.

—— AJ Com as construções metálica surgiu um fato muito interessante: essas estruturas, até mesmo pela técnica empregada, poderiam abrir-se ao espectador, ser penetradas, como de fato veio a ocorrer mais tarde, por volta de 1967.

—— JS Com certeza era isso que eu estava realmente procurando. Uma delas, *Pre-penetrable*, de 1957, que pertenceu a Alfredo Boulton,[61] e agora faz parte da Colección Patricia Phelps de Cisneros, foi imaginada de início para ser cinco vezes maior [28]. Eram maquetes construídas nessa escala, porque me era impossível fazê-las no tamanho projetado. Por isso me divertia tanto ao ver os netos de Boulton brincando dentro dela.

—— AJ Logo depois dessas estruturas cinéticas, em que a cor parece explodir com toda sua força vibratória, você foi lentamente abandonando a cor e se concentrou nas questões de ordem estrutural, com a realização de peças quase sempre muito sóbrias, até que no seu período barroco o colorido praticamente se reduziu ao branco e preto com algumas notas discretas de cor [29-30]. Como se deu essa passagem e por quê?

—— JS As estruturas cinéticas de acrílico foram produzidas durante cerca de dois anos, nos quais fiz um grande número de peças. Depois, senti que precisava voltar a uma espécie de rigor, partindo dos elementos adquiridos. Não se tratava de abandonar a cor, mas de deixá-la um pouco de lado para resolver outros problemas, como esse que aparece

—— 61 Alfredo Boulton (1908-95). Fotógrafo, crítico e historiador venezuelano, autor de *Historia de la pintura en Venezuela* (Caracas: Armitano, 1964-72) e de numerosas monografias sobre artistas venezuelanos, entre elas a de Jesús Soto (Caracas: Armitano, 1973).

28 *Pre-penetrable*, 1957.

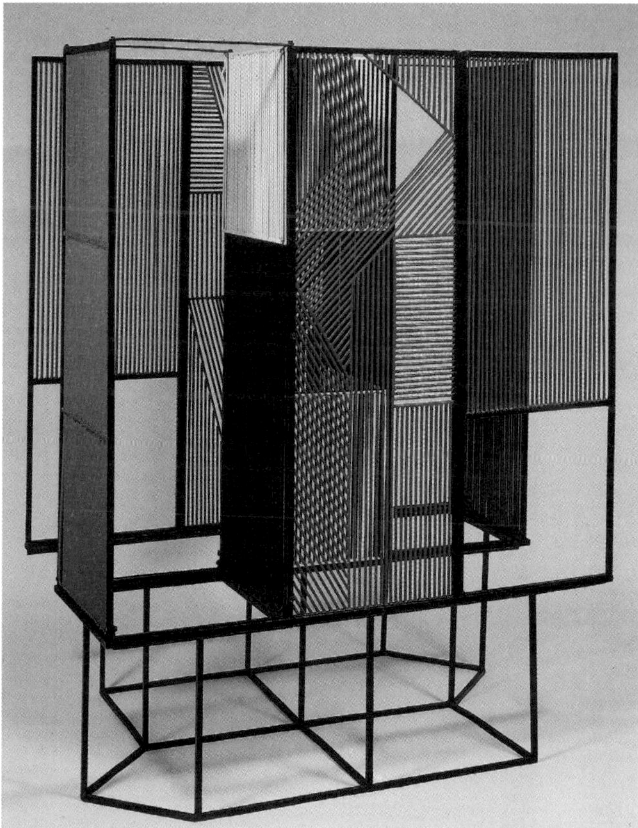

29 *Vibración I*, 1958.

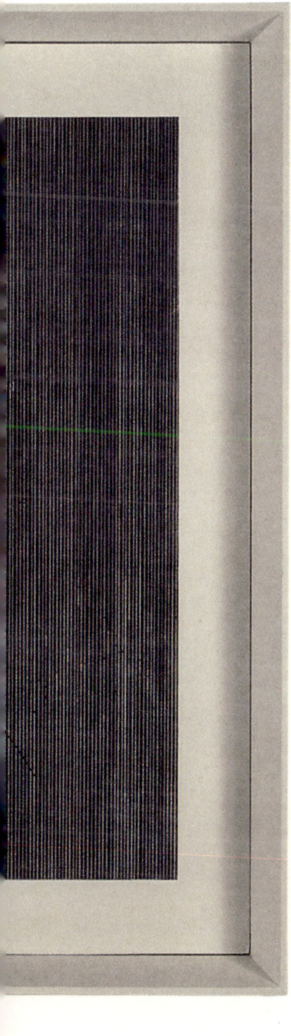

30 *Vibración*, 1960.

em *Trapecio*, de 1957. Ali surgiu uma situação muito estranha: quando você está diante desse quadro, sente como se respirasse; ele se expande e se contrai como um acordeão. É uma obra essencial e talvez um dia eu venha a estudar as questões que ela suscita [27].

—— AJ Chegamos agora a um grupo importante de obras: a representação venezuelana na Exposição Universal de Bruxelas em 1958[62] e o grande mural para os jardins do Instituto Venezolano de Investigaciones Científicas [IVIC], a rigor sua primeira *escritura*. O que essas peças representam no conjunto de sua obra e que contribuição proporcionaram?

—— JS Com elas pude realmente desenhar no espaço, estava liberado até mesmo da obrigação de sobrepor linhas paralelas. Eu não as chamava de *escrituras*, minha intenção era desenhar no espaço, só que as pessoas achavam que elas pareciam palavras escritas e me perguntavam o que significavam... Depois comecei a chamá-las assim. Nessas peças voltei a usar as curvas (Cruz-Diez me fez notar certa vez que se tratava das mesmas formas que eu já havia utilizado nas minhas paisagens do tempo da Escuela e nas experiências abstratas de 1950-51). Pouco a pouco cheguei ao que se chamou de período "barroco" (embora o termo não me agrade) do final dos anos 1950. Nesse momento, houve outro embate com a técnica, assim como havia sucedido com o acrílico. Eu não queria me sentir necessariamente atrelado à rigidez das paralelas.

—— 62 Soto realizou, por intermédio do arquiteto Carlos Raúl Villanueva, um importante conjunto de peças para o pavilhão da Venezuela na Exposição Universal de Bruxelas (1958), entre elas o chamado *Mural de Bruselas* [Mural de Bruxelas] (atualmente no Museo de Bellas Artes de Caracas), a *Torre de Bruselas* [Torre de Bruxelas] (instalada no IVIC) e o *Muro de Bruselas* [Muro de Bruxelas] (também no IVIC), na realidade a primeira de suas *escrituras*.

—— AJ Esse período barroco também nasceu como reação à rigidez da forma, devido à necessidade de romper com ela?

—— JS Não, não se trata propriamente de uma ruptura, porque não abandonei definitivamente o rigor da geometria; só queria provar a mim mesmo que meus conceitos não dependiam de um modo específico de fazer. Senti necessidade de provar a mim mesmo que podia usar qualquer elemento. A ideia era pegar objetos anódinos, mas extremamente formais (madeiras velhas, arame, agulhas, grades e tubos), integrá-los à obra e levá-los a um estado de desintegração mediante a vibração pura. Certamente não era nada fácil, e desmaterializar um pedaço de madeira exigia uma quantidade enorme de trabalho. No plano pictórico, do mesmo modo, introduzi elementos que eu vinha usando desde a Escuela, como as texturas, por exemplo. Por isso lhe disse que não se tratava de romper definitivamente com uma determinada maneira de trabalhar, mas de superá-la como limitação. Agora posso usar todos esses elementos com absoluta liberdade, mas naquela época achei que era necessário romper com seus liames. E não é porque me peçam isso, ou porque alguém deseja que eu o faça, mas porque necessito fazê-lo em alguma circunstância específica. Ademais, me incomoda muito que alguém sugira o que devo fazer.

Tive necessidade de proceder dessa maneira, era imperativo. Às vezes penso que isso talvez tenha a ver com o imenso salto que fui obrigado a dar para passar da pintura paisagística que eu fazia em Caracas e Maracaibo, porque não tinha nenhuma orientação, à abstração pura. Quando descobri o mundo do construtivismo e da Bauhaus, disse a mim mesmo que não podia perder tempo esperando concluir o processo da abstração, que eu só tinha uma vida para viver. Tinha de me jogar na corrente da abstração no ponto mais alto daquele momento, exatamente como estava nos anos 1950, e ver como podia fazê-lo avançar. Ora, é possível que o salto tenha me deixado sequelas, uma espécie de ressentimento por não ter concluído os processos que deviam ser completados. Talvez seja por isso que reintroduzi no meu trabalho os empastados e os gestos da pintura. Foi uma exigência interior que resolvi em um período relativamente curto e a atendi com o maior entusiasmo. E se algum outro dia me aparecer a necessidade de suprir outra negligência, o que não está descartado, o farei com a mesma liberdade. Claro que dentro dos conceitos com que eu estiver trabalhando na ocasião, porque quando estava fazendo obras barrocas eu não estava fazendo paisagens. Meu problema era incorporar qualquer elemento da vida cotidiana e desmaterializá-lo. Nisso sempre fui muito honesto comigo mesmo; sempre agi de acordo com as minhas necessidades sem levar em consideração as exigências do meu ambiente.

—— AJ Seu objetivo era desmaterializar os corpos que você empregava, isso é óbvio. Mesmo assim, um dos conjuntos mais característicos e mais bonitos desse período, os *Leños*, dá uma grande importância à madeira, à matéria que você tenta desfazer opticamente [31-32]. Como nasceu essa série e por que atribuir tanta importância ao que você tenta desmaterializar?

—— JS A série surgiu quase por acaso. Na época eu era grande amigo de Jean Tinguely, e às vezes íamos buscar materiais descartados em depósitos, uma espécie de *chiveras*[63] onde vendiam material de construção. Eles recolhiam materiais de demolição. Um dia deparei-me com umas vigas de uma casa demolida. Eram madeiras muito bonitas, que conservavam o vestígio de todo um belíssimo trabalho artesanal... As perfurações, os cortes destinados a encaixar uma peça na outra, os pregos... Eram lindíssimas! E como o destino das madeiras era serem queimadas nos fornos das padarias (para isso eram vendidas), pensei que devia fazer alguma coisa para resgatar algumas delas. Queria salvar a manufatura artesanal, o trabalho do homem. Como os estabelecimentos as vendiam por peso, comprei um lote. A série parou quando o material acabou. Depois fui buscar outro grupo de madeiras, mas já tinham sido vendidas.

—— AJ E você as usava tal qual tinham sido achadas ou fazia algum tipo de intervenção?

—— 63 *Chiveras* é o nome que se usava na Venezuela para designar os estabelecimentos comerciais que vendem peças usadas de veículos para reposição.

31 *Tronco*, 1960.

32 *Leño*, 1961.

— JS Tal qual. Elas ficavam da mesma forma que as encontrava, com os pregos e todas as características. Eu só agregava-lhes uma trama para sugerir a desmaterialização de um elemento específico. Depois, acrescentava pernas, pregos ou parafusos, mas as madeiras ficavam como estavam, sem intervenção alguma.

— AJ Interessante notar que entre os elementos desmaterializados encontram-se com frequência materiais de construção ou ferramentas artesanais, como agulhas.

— JS Eu queria salvar o trabalho realizado sobre essas madeiras. O mesmo aconteceu com as agulhas. Um dia eu estava procurando materiais e achei por acaso um pacote de agulhas belíssimas. Havia agulhas grandes, pequenas e retas, até curvas. Assim como havia acontecido com as madeiras, eu quis salvá-las fazendo com elas uma obra de arte. Algo parecido sucedeu com uma série de estruturas de metal, que se veem, por exemplo, em *Vibración III*, de 1960-61. Quando comprei meu primeiro apartamento em Paris, na rue du Temple, tínhamos um pequeno depósito no último andar do edifício e, como o apartamento havia pertencido a um artesão que fabricava abajures, encontramos o lugar lotado de belas estruturas metálicas. Quando vi aquelas estruturas tão lindas, não quis jogar tudo fora, e assim conservei um grupo para usar em meu trabalho. Eram cones, cubos, círculos, tão perfeitos que eu seria incapaz de fazer igual, de modo que resolvi integrá-los tal como os encontrei. Às vezes, eu os deformava um pouco, ou aproveitava apenas alguns círculos. Os círculos perfeitos que usei no início dos anos 1960 provêm desse lote.

—— AJ Muitas dessas obras "barrocas", especialmente as verticais, me parecem ter evidente relação com o cubismo sintético [33]. São peças em que as formas parecem estar se desfazendo, e onde com frequência se podem ver fragmentos que, em certos casos, parecem próximos dos nus e dos violões pintados pelos cubistas. Estou pensando especialmente numa peça da Colección Patricia Phelps de Cisneros, *Vibración III*, e em *Sin título*, 1962, do Museo de Arte Moderno Jesús Soto,[64] onde os círculos que você menciona parecem ser resíduos de um corpo ou de um violão [34-35].

—— JS **Pode ser, mas não as fazia com esse objetivo em mente. Para mim, o importante era levar a uma situação espaçotemporal todas as correntes que me interessavam: o tachismo, o novo realismo e outras. Por isso todas essas texturas tão evidentes e os materiais de refugo, porque eu**

—— 64 Museu fundado em Ciudad Bolívar, no sul da Venezuela, por Jesús Soto. Foi criado oficialmente em 1969 e inaugurado em 1973. O prédio, obra do arquiteto Carlos Raúl Villanueva (em sua primeira etapa), é uma das melhores estruturas para museus do país. Sua coleção é composta de dois conjuntos, um dedicado à produção pessoal de Jesús Soto e outro a alguns dos melhores artistas de seu tempo, entre eles, os criadores do novo realismo francês (Yves Klein, Daniel Spoerri, Christo, Armand e outros) e do grupo Zero, além de um pequeno núcleo histórico, cujo ponto alto são os desenhos de Kasimir Maliévitch, Piet Mondrian e as aquarelas de Sonia Delaunay.

33 Pablo Picasso, *Mulher nua*, 1910.

34 *Vibración III*, 1960-61.

35 *Sin título*, 1962.

queria dar a essas tendências uma importância maior, transformando-as em situações espaçotemporais... Queria torná-las mais eficazes. Por isso montei uma oposição de texturas do novo realismo ao lado das outras desmaterializadas.

—— AJ Trata-se, no fundo, de um processo similar ao que o levou a dinamizar Mondrian em 1950.

—— JS Exatamente o mesmo processo... Eu pelo menos tentei, se obtive ou não sucesso, quem sabe se provará futuramente. Foi isso que tentei.

—— AJ Como aconteceu em 1961 com o mural da Galería de Arte Nacional [36].

—— JS Exatamente, só que este é um caso especial. Quando voltei a Caracas, nos anos 1960, El Techo de la Ballena[65] estava ativo e um amigo meu, Daniel González,[66] me disse: "Jesús, tenho uma ideia, cada um dos artistas cria uma obra grande em apenas um dia e em seguida fazemos uma exposição com

—— 65 El Techo de la Ballena: movimento da vanguarda venezuelana, atuante no período de 1961 a 1968. O grupo reunia fotógrafos, escritores, pintores e desenhistas que assumiram uma postura crítica ante o poder político, defendendo inclusive a insurreição armada, os processos revolucionários. Com uma forte influência do surrealismo na literatura e do informalismo na pintura, o grupo contou com a militância de Adriano González León, Salvador Garmendia, Rodolfo Izaguirre, Edmundo Aray, Carlos Contramaestre, entre outros.

—— 66 Daniel González (n. 1934). Pintor, escultor e artista gráfico venezuelano, membro destacado do movimento El Techo de la Ballena, para o qual fez o desenho gráfico de algumas das suas melhores publicações.

todas elas juntas". Gostei muito da proposta, porque era uma ação que durava oito horas. Hans Neumann[67] me emprestou um ateliê e fiz meu trabalho lá. Por isso vemos claramente que o lado esquerdo do mural é uma situação tipicamente *nuevorealista* e o lado direito é uma situação em movimento espaçotemporal. Consegui os materiais para o lado esquerdo no ateliê de Hans Neumann; eram equipamentos que ele guardava lá, muito caros... Lembro que Neumann me dizia que valiam uns cinco mil dólares, e eu respondi que logo a obra se valorizaria e devolveria os custos com folga. O restante dos materiais, os do lado direito, achei nas lixeiras. O artista Ángel Hurtado[68] filmou todo o processo.

—— AJ Sua explicação sobre esse período barroco como fruto das sequelas deixadas por uma dívida não saldada com a pintura é perfeitamente coerente. No entanto, a experiência pessoal se enquadra num contexto ao qual é difícil subtrair-se. Existe algum paralelismo entre seu mundo barroco, por assim dizer, e o novo realismo francês dos anos 1960?

—— JS Conheci todos esses artistas, foram meus amigos e fazíamos exposições juntos, porque estávamos tratando

—— 67 Hans Neumann (1919-2001). Industrial e colecionador venezuelano de origem tcheca.

—— 68 Ángel Hurtado (n.1927). Artista plástico venezuelano. Sua obra desenvolveu-se inicialmente nos padrões do informalismo abstrato. Hurtado é autor de uma considerável obra filmográfica sobre a arte venezuelana e latino-americana.

36 *Mural*, 1961.

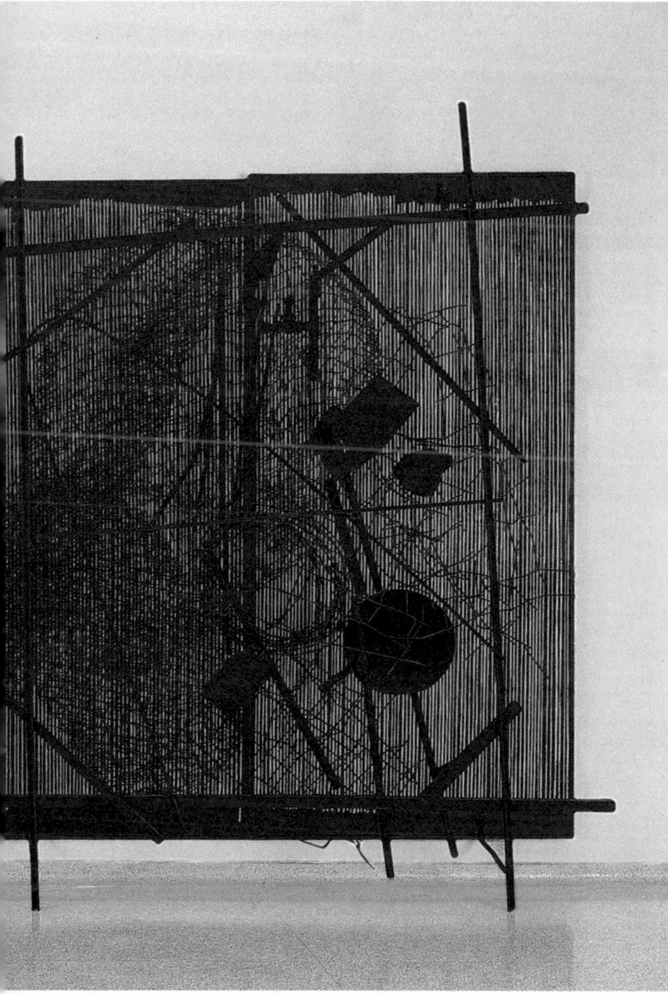

de forçar uma nova situação. Mas, no fundo, eu tinha uma atitude diferente da deles, o que se tornou evidente quando cada um de nós seguiu seu próprio caminho depois daquele momento histórico. Todos foram no início estruturalistas puros. Durante os anos 1960, pensava-se que o homem ia ficar prisioneiro da mecânica e da tecnologia, e a isso se deve, em parte, toda aquela reação tão próxima da rebeldia francesa de Maio de 1968.

—— AJ Isso teria relação com o mal-estar deixado pela Segunda Guerra Mundial?

—— JS Não. Da Segunda Guerra Mundial surgiu todo o expressionismo e o gestualismo de então. No que se refere aos novos realistas franceses, e no meu caso, tratava-se de um comprometimento distinto, não era uma coisa visceral.

—— AJ E a que se poderia atribuir o temor de ficar dependente das estruturas criadas pela tecnologia?

—— JS Bom, é que a literatura e o cinema começaram a criar um medo da tecnologia, e sabe-se que os artistas são sensíveis a essas tensões sociais. Mas eu estava na situação oposta à de Tinguely e, de modo geral, à dos novos realistas. Nossa coincidência era temporária, mais na forma do que na substância, e é por isso que jamais aderi integralmente às ideias deles. Tinguely, por exemplo, era um homem culto e brilhante, que emergiu do mais absoluto perfeccionismo que é a Suíça. A Suíça era perfeita do ponto de vista do seu sistema econômico e político. Por isso creio que ele rejeitava e zombava das máquinas, dos relógios e do perfeccionismo mecânico. Repare que as obras dele são mecanismos absurdos, a meio caminho entre a tecnologia contemporânea e uma espécie de mecânica primitiva.

—— AJ Essa atitude se intensificou no final da sua vida, quando ele começou a introduzir nas máquinas pedaços de esqueletos, reais ou fabricados.

—— JS Essas preocupações reagem a outro tipo de problema. Ele começou a fazer isso depois de sofrer um primeiro infarto. Aí surgiu o medo da morte.

—— AJ Sem dúvida, mas Tinguely fez desse temor pessoal um sintoma de nossa civilização...

—— JS Talvez, mas isso tem relação com uma cultura já cansada de fazer bem-feito, e Tinguely faz parte dessa cultura. Em consequência disso, a arte se apresenta como uma espécie de antítese para mover as bases da cultura, como um chamado à regeneração. Na Venezuela, nós não temos nada feito; temos a natureza a nosso favor, mas estamos começando a domá-la, e enquanto não existir uma estrutura social perfeitamente formada, não temos o direito de destruir. Não podemos agir dessa maneira, antes devemos construir. Por isso sempre defendi o conceito de estrutura e gostaria de pelo menos deixar essa ideia ao meu país. Não sei que valor ela pode ter, que intensidade poderá alcançar, mas pelo menos tento deixá-la clara e precisa. Quero estrutura para a Venezuela e, portanto, para a América Latina. O mais importante, o que mais me preocupa, é legar a meu campo de atividade uma noção do que este país deve ser algum dia.

—— AJ Em várias oportunidades, você fez objeções à palavra "barroco". Por que acha que esse termo não define seu trabalho?

—— JS Não, não me define. Eu parto de proposições ou manifestações artísticas contemporâneas, às quais quis dar uma dimensão espaçotemporal porque pensava que elas seriam mais eficazes se as levássemos ao movimento [37].

—— AJ No entanto, você se interessou pela música de Bach durante anos.

—— JS Sim, mas Bach não era um músico barroco; era antes um estruturalista. O problema dele era conseguir obter o maior espetáculo com o mínimo de elementos; um trabalho imenso que não tinha nada a ver com o barroco.

—— AJ E qual seria, em sua opinião, a essência do barroco?

—— JS O barroco, em todos os casos, buscava o movimento.

—— AJ Uma vez preenchida essa necessidade interior no período chamado de barroco, você voltou a controlar os elementos plásticos que emprega. Isso ocorreu por volta de 1962. Pode me dizer como e por que o fez?

—— JS Porque eu penso que o controle dos elementos não está necessariamente ligado ao comportamento do artista como pessoa. Houve um momento em que precisei reestruturar, e então procurei evitar toda distração. O objetivo não é construir uma estrutura por si mesma, mas descobrir um modo de captar valores universais que, de outra maneira, não poderiam ser apreendidos. Quando você entra em um mundo tão vasto quanto aquele com que eu estava lidando nas obras "barrocas", onde se trata de enfrentar valores universais, a consciência universal que existe, mas é grande demais para a consciência do homem, é preciso concentração e limitar os meios empregados. Caso contrário, as coisas poderão sair do controle e você se perder. É como se fosse preciso criar passos controláveis, antenas que possam ajudá-lo a orientar-se melhor nesse mundo. As possibilidades não são reduzidas, a ambiguidade espacial, a vibração, a desmaterialização dos corpos, tudo o que existia nesse mundo barroco está lá, concentrado. Pense, por exemplo, em *Vibration: Cube bleu*, de 1962 [38]. O espaço, o movimento e a desmaterialização dos corpos estão ali presentes. Em trabalhos anteriores, o cubo podia ser um galho ou uma agulha; neste está concentrado em um cubo, de forma precisa e controlável.

—— AJ Outro aspecto importante nesse período é que você parece retomar o processo interrompido com as estruturas metálicas de 1956-57 para chegar paulatinamente ao *Penetrable*, uma das suas contribuições mais relevantes. Você poderia nos descrever o processo que o levou às primeiras estruturas metálicas, que mais tarde foram chamadas de *Penetrables*, até chegar aos *Penetrables* que conhecemos atualmente?

—— JS Foi um processo muito lento e que pode ter começado – isso é o que penso hoje – com a minha fascinação

37 *Hommage à Yves Klein*, 1961.

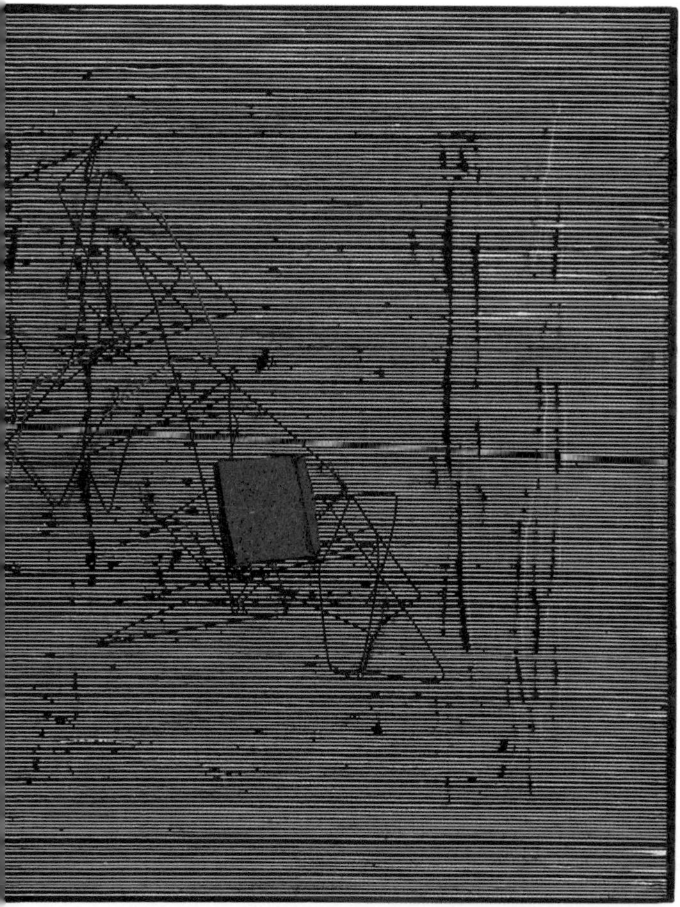

38 *Vibration: Cube bleu*, 1962.

pelo que sucedia entre as lâminas de acrílico das minhas primeiras estruturas cinéticas. Eu sempre quis entrar nelas. Posteriormente, quando comecei a trabalhar com as varetas metálicas sobre fundo tramado, me perguntei o que aconteceria se eu me metesse dentro daquela vibração. Se começasse a sobrepor as varetas em vários níveis, como tinha feito com o acrílico vinte anos antes, talvez conseguisse

captar novos valores. Foi o que tentei fazer para a Bienal de Veneza em 1966, embora não se tratasse verdadeiramente de um penetrável. Peguei um ângulo e o cobri de varetas, tentando envolver o espectador. Depois, em 1966 e 1967, foi surgindo paulatinamente a ideia do penetrável com a multiplicação das varetas, até que elas chegaram a cobrir todo o espaço e se transformaram numa obra autônoma [39].

39 Jesús Soto em seu estúdio em Paris, na rue de Turenne, c. 1967.

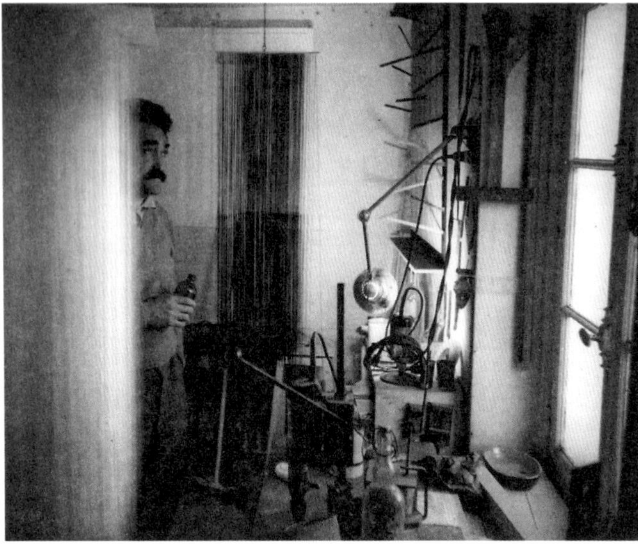

— AJ Se tentássemos fazer uma pequena história do penetrável, creio que a etapa cronológica seguinte devia ser a exposição que Denise René organizou em 1967, onde as varetas invadem grande parte do espaço, além inclusive do que ocorreu em Veneza, não é?

— JS Na realidade, foram duas exposições, uma na galeria da Rive Gauche de Paris e outra na galeria da Rive Droite. Na primeira expus meu primeiro *Penetrable*, que não excedia um metro de largura. Era pequeno, mas as pessoas podiam entrar e se divertir muito, elas brincavam dentro dele. Era um penetrável metálico que ia do teto ao chão, com varetas de arame sem pintura, o que lhes dava uma tonalidade prateada muito bonita.[69] Como eram varetas metálicas, ao entrar, o espectador ouvia um som assim... [Soto abaixa a cabeça e faz um gesto com as mãos, tentando descrever um som envolvente, como o de chuva.]

—— AJ Não deixa de ser significativo, no meu entender, que a forma básica de seu primeiro penetrável seja uma cruz preta e larga, exatamente como a *Cruz*, 1915, de Maliévitch. É como se esse primeiro penetrável nos dissesse que, ao entrarmos no pequeno recinto de luz e som, estávamos ao mesmo tempo penetrando no âmbito histórico e plástico definido por Maliévitch, um âmbito que também tem uma evidente dimensão mística **[40]**. Esse fato não sugere a possibilidade de uma leitura muito particular do *Penetrable*, no sentido de que nos permite pensá-lo como um dispositivo duplamente redentor, simultaneamente histórico e, por assim dizer, metafísico?

—— JS Nunca pensei dessa maneira, mas me parece ser uma leitura surpreendentemente sedutora. Em todo caso, o que eu estava tentando criar eram obras verdadeiramente

—— 69 É interessante notar que a qualidade prateada das varetas metálicas é a mesma qualificação que Soto usou para designar a luminosidade das pinturas impressionistas.

40 Esquema da *Cruz*, de Kasimir Maliévitch (acima), 1915, e do primeiro *Penetrable*, de Jesús Soto (abaixo), 1967.

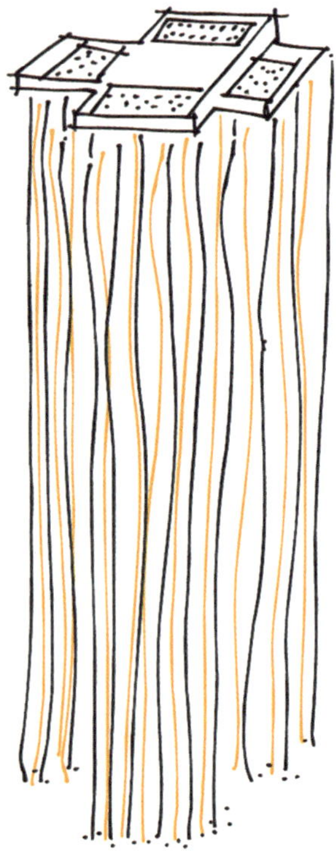

envolventes. Eu as chamava assim, "envolventes". Jean Clay é que começou a chamá-las de *Penetrables*, talvez porque eu lhe tivesse dito que sempre desejara penetrar no mundo vibrante dos meus acrílicos. Por esse motivo, tentei fazer uma parede envolvente na primeira exposição, uma espécie de meio oval em torno do primeiro *Penetrable*. Lembro que o diretor da Marlborough Gallery veio à exposição e, quando viu as varetas que terminavam perto da vitrine, me disse, surpreso: "Parece um sonho".[70]

Na exposição da Rive Droite, mostrei várias peças: alguns acrílicos e um volume suspenso que, na realidade, era a maquete do grande volume que exibi no pavilhão venezuelano da Exposição Universal de Montreal. Seu suporte era um quadrado branco com uma cruz inscrita em diagonal, uma cruz mais estreita que a de Maliévitch. Villanueva gostou muito. Os lados da cruz desenhavam uma curva. Para essa exposição, também fiz uma obra envolvente que descia do teto e cobria uma das paredes da galeria.

70 O título que finalmente ganhou este tipo de peça induziu tradicionalmente a sua leitura como uma obra penetrável, isto é, como uma estrutura que se deixa penetrar desde fora pelo espectador. As descrições de Soto e os termos que empregava no início a apresentam como o produto ativo de uma "pintura" que, pelo contrário, busca absorver seu espectador desde dentro. Este simples feito a inscreve numa ampla família de obras que, tradicionalmente, buscou justamente atrair o seu espectador para fazê-lo participar do que sucede a ela, tal qual Leon Battista Alberti o descreve em seu *Tratado de pintura*, de 1435.

Depois desse primeiro *Penetrable*, fiz outro de maior autonomia para a exposição na Fondation Maeght em Saint Paul de Vence, em 1968. Era um grande cubo virtual com as paredes transparentes e listradas. Entrava-se nele por uma torre penetrável que ocupava um dos cantos e, no interior do cubo, havia um espaço circular formado pelas varetas que cobriam as paredes e os ângulos do cubo. O círculo era descoberto, sem teto. Depois fiz outros *Penetrables*, antes do que expus na minha retrospectiva no Musée d'Art Moderne de la Ville de Paris, em 1969, mas não me lembro com exatidão de suas características.

—— AJ E qual era sua intenção? Por que você pensou numa torre de entrada? Por que deixou o centro descoberto, como uma cúpula sem teto?

—— JS O que tentei fazer, acho, foi unir a torre da cruz, a do meu primeiro *Penetrable*, com um espaço envolvente.

—— AJ E por que não o fez da mesma altura?

—— JS Para marcar a entrada.

—— AJ Você se deu conta de que essa estrutura é essencialmente a mesma de uma igreja barroca, com a entrada claramente marcada e a cúpula interior aberta metaforicamente para o céu?

—— JS Não, não tinha pensado dessa maneira. E, no entanto, isso me traz à lembrança uma experiência que tive em Roma, nos anos 1960, durante minha primeira exposição na Marlborough Gallery. Um amigo meu, Sergio Tosi, me levou ao Panteão romano, dizendo: "Venha comigo, quero que veja um mundo muito parecido com o seu". Quando entrei, fiquei surpreso ao ver o espaço daquele edifício perfeito dominado pela abertura no teto, de onde descia um facho de luz... e através da qual se podia ver o infinito [41]. É muito parecido com um dos *Penetrables* que fiz mais tarde, em 1971 [42],[71] no qual uma série de varetas penetra em um plano aberto no centro, como um jorro de luz que descia do teto, ou como o jorro que parecia sair de outro trabalho, a *Espiral*, de 1955, que saía da pintura perpendicularmente aos dois planos de acrílico... É assim que concebo a luz, como uma espécie de intermediário entre a energia e a matéria. A energia é absolutamente sublime, enquanto a luz já é uma perda inicial de velocidade... É como se a energia fosse se tornando gradualmente menos sublime até chegar à matéria, seu estado menos sublime. O que não compreendo é por que o sublime vai se tornando menos sublime à medida que vai se tornando matéria... Mesmo assim, creio que um dia voltará a seu estado original, sublime...

71 Soto não afirma que criou o *Penetrable* de 1971 pensando expressamente no Panteão de Agripa, nem lhe perguntei isso nesse momento. De qualquer maneira, a experiência com o Panteão romano é anterior, o que nos permite supor que, de fato, algo da experiência relatada pode ter aflorado na obra de 1971.

41 Panteão, Roma.

— AJ Luis Enrique Pérez-Oramas me mostrou que há duas maneiras de discutir os *Penetrables*: ou insistindo na possibilidade de materializarem ou tornarem evidente isso que você chama de "plenitude do espaço", a "gelatina" que você tantas vezes menciona, ou ressaltando a capacidade de desmaterializarem opticamente os corpos que neles penetram. Pois bem, o que lhe parece mais importante no *Penetrable*: a possibilidade de tornar patente a densidade do espaço ou a capacidade de desmaterializar?

— JS **O mais importante é demonstrar que o espaço é fluido e pleno, porque sempre foi considerado – como no Renascimento – mais um lugar para colocar coisas do que um valor primordial e universal. Já lhe disse várias vezes que não me importam os elementos, que eles estão ali apenas para evidenciar as relações. Portanto, o que me interessa antes de tudo no *Penetrable* é a densidade do espaço... e é assim que as pessoas sentem; quando entram num *Penetrable*, sentem que é outro espaço, e começam a mover-se e a brincar. Discuti muito isso com Yves Klein, porque do ponto de vista dele a coisa mais importante era o vazio. Claro, ele dizia isso da perspectiva da sabedoria oriental, enquanto eu insistia em afirmar a densidade do espaço, sua plenitude.**

— AJ Os *Penetrables* são concebidos como estruturas que poderiam abarcar a totalidade do espaço. Ora, se você tivesse que fazer um *Penetrable* em um espaço irregular, como o faria, cobrindo todo o espaço existente?

42 Cenografia penetrável para *Violostries*, de Bernard Parmegiani. Ballet-
-théâtre Contemporain de Paris, 1971.

—— JS O *Penetrable* não é, claro, nem sequer uma obra, é uma ideia do espaço que pode materializar-se em qualquer situação e em qualquer escala... Se fosse possível, poderia mesmo cobrir o planeta inteiro... não é isso que importa.

—— AJ Apesar disso, quando você tem a oportunidade de fazê-lo em um espaço aberto, invariavelmente recorre ao cubo [43].

—— JS Porque é o mais óbvio; porque senão o público o veria como uma escultura ou um desenho, e atribuiria à forma do *Penetrable* um valor estético que não tem a ver com meu trabalho.

NÃO HÁ ETAPAS DEFINITIVAMENTE CONCLUÍDAS

—— AJ Pode-se dizer que sua fase de maturidade começou com o aparecimento dos *Penetrables* na década de 1960, uma etapa de depuração e desenvolvimento dos seus conceitos centrais. E é nesse período maduro que nascem as *Ambivalencias*, seu trabalho mais recente. Elas surgem por um processo de revisão característico de seu pensamento plástico.

—— JS Depois de trabalhar durante os anos 1960 e 1970 usando a cor de maneira relativamente sóbria, voltei a me interessar por esse elemento, mas de uma perspectiva diferente da que tinha em 1956-57. Durante esses anos, estava interessado nas possibilidades combinatórias e vibratórias da cor, independentemente ou mesmo em oposição aos conceitos tradicionais de harmonia cromática. Meu propósito não era, e nunca foi, encontrar uma bela harmonia de cores, mas fazê-las funcionar, combinar e misturar-se de maneira aleatória, como se a cor fizesse parte de um magma no meio do qual o homem encontra ou cria as harmonias que lhe interessam. No fundo, queria deixá-las coexistir como fazem na natureza, sem nenhum conceito preestabelecido de harmonia. Todas as cores superpostas podiam criar cores novas. Foi o que fiz, por exemplo, em *Armonía transformable*, de 1956. No final dos anos 1970 retomei essa preocupação com a cor. Nunca tive medo de retomar problemas que possam ser melhorados ou completados, seja porque minhas inquietações eram de outra natureza e não pude trabalhá-los, seja porque não tive o domínio técnico e conceitual necessários para desenvolvê-los.

Isso se deve à minha concepção da arte como um conjunto de questões que devem ser resolvidas pelo artista, problemas que lhe são propostos pela época em que ele vive, não porque o artista sente vontade de fazer alguma coisa. A história da arte conduz o artista por esse caminho, e ele se faz criador na medida em que consegue descobrir soluções para esses problemas. Os artistas geralmente se preocupam em fazer algo pessoal, original, mas eu sempre pensei que, ao contrário, trata-se de assumir a história e fazê-la avançar um pouquinho, dar um passo suplementar dentro das problemáticas que ela mesma nos propõe.

43 *Penetrable*, 1990 [instalação temporária], Museo de Arte Latinoamericano de Buenos Aires (Malba), 2003.

As *Ambivalencias* são as soluções que encontrei para certo número de questões que estavam mais ou menos implícitas nos grandes pintores ocidentais dos séculos XIX e XX, mas que não haviam sido desenvolvidas. Na esteira dos *fauves*, de indivíduos como Matisse, Léger, Delaunay, os construtivistas russos e de maneira geral todos os que tentaram usar a cor com independência da forma e de conteúdos externos à pintura, manifestaram-se o poder e a ambiguidade da cor, capaz de gerar a ilusão de um espaço opticamente variável, porque algumas manchas pareciam avançar e outras pareciam recuar. Mais tarde, coube aos suíços e a alguns alemães, como Josef Albers, levantar a questão da independência da cor, sem resolver conscientemente o que chamei de "ambivalência espacial da cor". Percebi então que a cor necessitava ou demandava uma solução espaçotemporal que poderia encontrar lugar dentro da ambiguidade espacial que me interessava pôr em relevo.

A partir daí, tentei introduzir a cor nos meus trabalhos, não mais em seu estado vibratório, como nos anos 1950, mas fazendo a cor flutuar na superfície da pintura para que elas próprias estabelecessem uma relação cromodinâmica. O resultado é uma evidente ambiguidade da cor no espaço. Se colocarmos uma criança para contemplar essas obras, ela poderá ver cores que avançam enquanto outras parecem recuar. Essa situação, além disso, é variável e reversível [44]. Ora, quando o problema da ambivalência cromática no es-

44 *Planos ambivalentes*, 1981.

paço não me satisfizer mais, focalizarei a atenção em outros assuntos. Nunca será uma ruptura, uma negação dos problemas anteriormente propostos. Para mim, não há etapas definitivamente concluídas e me sinto totalmente livre para retomá-las quando sentir necessidade de fazê-lo.

—— AJ No entanto, há uma diferença fundamental entre o fato de você retomar problemáticas que não foram desenvolvidas o suficiente e fazê-las avançar, ou encontrar uma nova solução plástica, e o que percebo em algumas peças recentes, por exemplo, nos *Leños*, que você está refazendo agora [45]. Em sua opinião, eles representam um avanço? Não indicariam, ao contrário, o aparecimento de uma posição diferente ante a história? Não estariam introduzindo certa intemporalidade dos problemas artísticos?

—— JS **Bom, acontece que eu os faço para os amigos... Tenho muitos amigos que se sentem frustrados por não ter uma dessas peças e, quando me arrumam um pedaço de madeira, faço um *Leño* para eles... É uma questão de afeto pelos amigos...**

—— AJ Você os considera verdadeiras criações ou um fato de certo modo anacrônico?

—— JS **São obras trabalhadas como qualquer peça, e assinadas, só que reúnem – o que é normal – contribuições de todas as experiências que fiz. Não creio que sejam anacrônicas, não acho que se possa dizer isso. A arte é um fenômeno intemporal, acontece que lhe colocamos datas que permitem à história situar-se de acordo com períodos, mas a ideia impressionista de atomizar a luz continua a ser válida.**

—— AJ De certa forma, você está sugerindo que a solução plástica encontrada pelo artista é "datável" e pode ser objeto de estudo para os historiadores, enquanto os problemas discutidos são intemporais.

—— JS **Sim, os problemas continuam a ser válidos.**

45 *Leño*, 2002.

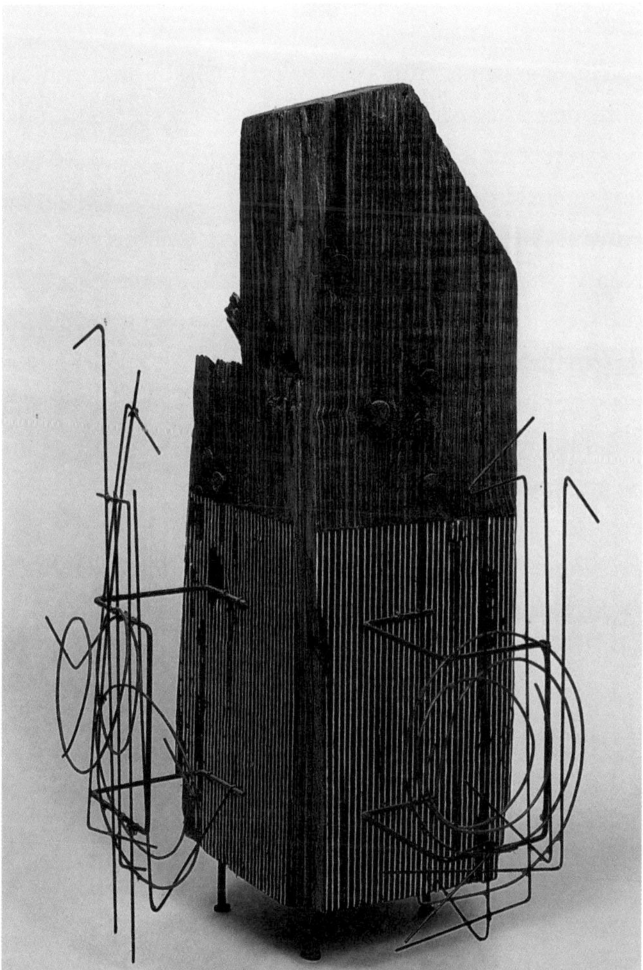

— AJ Você tem neste momento alguma intuição do que poderá fazer no futuro?

— JS Não sei, mesmo porque nunca me perguntei o que vou fazer amanhã. Minha cabeça está cheia de muitas possibilidades, o que é lógico quando não se está reconstruindo ou estetizando a partir de valores estabelecidos. Acho que nós temos um número infinito de janelas, janelas eternas, entre as quais temos de escolher por onde vamos nos jogar. Nunca o faço perguntando-me o que vou inventar amanhã. Não vejo a arte como uma invenção gratuita, mas como o desenvolvimento intelectual do homem na história. Não passei noites em claro antes de saber o que ia fazer no dia seguinte; felizmente, esses dramas não existem para mim. Se em dado momento vejo uma possibilidade de avançar em determinado sentido, faço-o, mas nunca me coloco o problema do que tenho de fazer; além do mais, não acho que tenho obrigação alguma de fazer nada amanhã.

SOBRE O AUTOR

ARIEL JIMÉNEZ é historiador e curador independente de arte moderna e contemporânea. Estudou história da arte e antropologia na Sorbonne e destacou-se como curador de numerosas exposições em instituições públicas e privadas em quase toda a América Latina e Europa. Em Caracas foi curador da Colección Patricia Phelps de Cisneros (CPPC) entre 1997 e 2011, diretor da Sala Mendonza entre 1989-97, pesquisador assistente da Universidad de Arte do Instituto Internacional de Estudios Avanzados (IDEA) entre 1986-89, e diretor do Departamento de Educación y Medios Audiovisuales del Museo de Arte Contemporáneo, em 1984-86. Foi diretor e curador chefe do Museo de Arte Moderno Jesús Soto em Ciudad Bolívar, 2004-06. Publicou, entre outros títulos: *La primacía del color*. Caracas: Monte Ávila Editores, 1992; *He vivido por los ojos. Correspondencia Alejandro Otero/Alfredo Boulton. 1946-74*. Caracas: Fundación Alberto Vollmer e Fundación Museo Alejandro Otero, 2001; *Soto*. Caracas: Fundación Jesús Soto e Fundación Banco de Venezuela, 2007; *Alfredo Boulton y sus contemporáneos. Diálogos críticos en el arte venezolano, 1912-74*. Nova York: The Museum of Modern Art e Fundación Cisneros, 2010; *Ferreira Gullar en converversación con Ariel Jiménez*. Nova York: Fundación Cisneros, 2012 [ed. bras.: *Ferreira Gullar conversa com Ariel Jiménez*. São Paulo: Cosac Naify, 2013]; *Carlos Cruz-Diez en conversación con Ariel Jiménez*. Nova York: Fundación Cisneros, 2010 [ed. bras.: *Carlos Cruz-Diez conversa com Ariel Jiménez*. São Paulo: Cosac Naify, 2014].

CRÉDITOS DAS IMAGENS

—— **Capa** *Repetición óptica nº2*, 1951, pintura sobre madeira, 189 x 130 x 6,3 cm. Fundación Museo de Arte Moderno Jesús Soto, Ciudad Bolívar.

—— **Contracapa** *Desplazamiento de un elemento luminoso*, 1954, pontos de vinil sobre acrílico e têmpera sobre tábua de madeira, 50 × 80 × 3,3 cm. Colección Patricia Phelps de Cisneros.

—— **Abertura** [pp. 6 7] *Desplazamiento de un elemento luminoso* [detalhe da imagem 19], 1954. Colección Patricia Phelps de Cisneros.

—— 1 Ponte sobre o rio Orinoco, Venezuela. © Carlos Germán Rojas.

—— 2 Jesús Soto durante seus estudos em Caracas, c. 1943. Cortesia Hélène Soto.

—— 3 *Sin título*, 1948, óleo sobre madeira aglomerada, 84,8 × 71,1 cm. Colección Patricia Phelps de Cisneros.

—— 4 *Sin título (paisaje)*, 1949, óleo sobre tela, 55 × 48 cm. Colección Patricia Phelps de Cisneros.

—— 5 Jesús Soto tocando violão com seu tio Pedro Soto, Ciudad Bolívar, 1961. Cortesia Hélène Soto.

—— 6 Kazimir Maliévitch. *Composição suprematista. Branco sobre branco*, 1918, óleo sobre tela, 79,4 × 79,4 cm. The Museum of Modern Art [Moma], Nova York. Doação: aquisição confirmada em 1991 por acordo com Estate of Kazimir Malevich e possível através de Mrs. John Hay Whitney Bequest Fund (by exchange). Digital Image © The Museum of Modern Art/Licensed by Scala/Art Resource, NY.

—— 7 Piet Mondrian. *Composição n. II, com amarelo e azul*, 1931, óleo sobre tela, 50,8 × 50,8 cm. Colección Patricia Phelps de Cisneros.

—— 8 *Composición dinâmica*, 1950-51, óleo sobre tela, 100 × 64 cm.

Fundación Museo de Arte Moderno Jesús Soto, Ciudad Bolívar.

—— 9 *Repetición óptica nº 2*, 1951, pintura sobre madeira, 189 × 130 × 6,3 cm. Fundación Museo de Arte Moderno Jesús Soto, Ciudad Bolívar.

—— 10 *Muro óptico*, 1951, pintura sobre madeira, 120 × 370 × 5,10 cm. Fundación Museo de Arte Moderno Jesús Soto, Ciudad Bolívar.

—— 11 *Sin título (progresión)*, 1952, pintura sobre madeira, 102,1 × 102,1 cm. Fundación Museo de Arte Moderno Jesús Soto, Ciudad Bolívar.

—— 12 *Rotación*, 1952, pintura sobre madeira, 102,1 × 102,1 × 7 cm [cima] × 3 [baixo]. Centre National d'Art et de Culture Georges Pompidou.

—— 13 *Sin título* [maquete para mural da Universidad Central de Venezuela], 1952-53, guache sobre madeira aglomerada, 27,6 × 48,30 × 3,5 cm. Colección Patricia Phelps de Cisneros.

—— 14 *Estudio para una serie*, 1952-53, pintura sobre madeira aglomerada, 100 × 100 cm. Fundación Museo de Arte Moderno Jesús Soto, Ciudad Bolívar.

—— 15-16 *Pintura serial*, 1952-53, pintura sobre madeira aglomerada, 100 × 100 × 7 cm [direita] × 3 cm [esquerda]. Fundación Museo de Arte Moderno Jesús Soto, Ciudad Bolívar.

—— 17 *Muro blanco*, 1952-53, óleo sobre papel sobre madeira, 215 × 325 × 5,5 cm. Fundación Museo de Arte Moderno Jesús Soto, Ciudad Bolívar.

—— 18 *Dos cuadrados en el espacio*, 1953, pintura sobre acrílico e madeira, 30 × 60 × 7,2 cm. Fundación Museo de Arte Moderno Jesús Soto, Ciudad Bolívar.

—— 19 *Desplazamiento de un cuadrado transparente*, 1953-54, pintura sobre madeira, 100 × 100 cm. Coleção particular.

—— 20 *Desplazamiento de un elemento luminoso*, 1954, pontos de vinil sobre acrílico e têmpera sobre tábua de madeira, 50 × 80 × 3,3 cm. Colección Patricia Phelps de Cisneros.

—— 21 *Metamorfosis*, 1954, acrílico, papel e pintura sobre madeira, 100 × 100 × 4 cm. Fundación Museo de Arte Moderno Jesús Soto, Ciudad Bolívar.

—— 22 *Puntos blancos sobre puntos negros*, 1954, acrílico, papel e esmalte sobre madeira, 100 × 100 × 20 cm. Coleção Paulina Villanueva, Caracas.

—— 23 *La cajita de Villanueva*, 1955, pintura sobre acrílico, 30 × 30 × 15 cm. Coleção Carlos Raúl Villanueva, Caracas.

—— 24 *Espiral*, 1955, pintura sobre acrílico, metal e madeira, 50 × 50 × 30 cm. Fundación Museo de Arte Moderno Jesús Soto, Ciudad Bolívar.

—— 25 *Doble transparencia*, 1956, pintura sobre acrílico e madeira, 55 × 55 × 32 cm. Colección Patricia Phelps de Cisneros.

—— 26 *Armonía transformable*, 1956, pintura sobre acrílico, metal e madeira aglomerada, 100 × 40 × 100 cm. Fundación Museo de Arte Moderno Jesús Soto, Ciudad Bolívar.

—— 27 *Trapecio*, 1957, ferro pintado, 60 × 60 × 23,5 cm. Fundación Museo de Arte Moderno Jesús Soto, Ciudad Bolívar.

—— 28 *Pre-penetrable*, 1957, ferro pintado, 165,5 × 126 × 85 cm. Colección Patricia Phelps de Cisneros.

—— 29 *Vibración I*, 1958, pintura sobre arame e contraenchapado, 77 × 89,7 × 28 cm. Colección Patricia Phelps de Cisneros.

— 30 *Vibración*, 1960, óleo e arame sobre madeira, 99,7 × 99,7 × 2,5 cm. The Museum of Modern Art [Moma], Nova York. Doação: Patricia Phelps de Cisneros em honra de Luis Enrique Pérez-Oramas.

— 31 *Tronco*, 1960, pintura sobre madeira e arame, 41,3 × 25 × 14 cm. Colección Patricia Phelps de Cisneros.

— 32 *Leño*, 1961, madeira, pintura, ferro e arame, 75 × 21 × 28 cm. Colección Patricia Phelps de Cisneros.

— 33 Pablo Picasso. *Mulher nua*, 1910, carvão sobre papel, 48,3 × 31,4 cm. The Metropolitan Museum of Art, Nova York. Coleção Alfred Stieglitz, 1949. © The Metropolitan Museum of Art/Art Resource, NY.

— 34 *Vibración III*, 1960-61, pintura, tela e arame sobre madeira aglomerada, 150,1 × 60,6 × 19 cm. Colección Patricia Phelps de Cisneros.

— 35 *Sin título*, 1962, pintura, metal e tela sobre madeira, 110,5 × 55,8 × 12,5 cm. Fundación Museo de Arte Moderno Jesús Soto, Ciudad Bolívar.

— 36 *Mural*, 1961, materiais diversos sobre madeira, 110,5 × 55,8 × 12,5 cm. Ministério del Poder Popular para la Cultura. Collección Fundación de Museos Nacionales. Galería de Arte Nacional.

— 37 *Hommage à Yves Klein*, 1961, arame, lâmina de metal e pintura sobre madeira aglomerada, 55 × 95,6 × 4 cm. Colección Patricia Phelps de Cisneros.

— 38 *Vibration: Cube bleu*, 1962, pintura sobre madeira e madeira aglomerada, 61 × 25 × 10 cm. Colección Patricia Phelps de Cisneros.

— 39 Jesús Soto no seu estúdio em Paris, na rue de Turenne, c. 1967. Cortesia Hélène Soto. © André Morain.

—— 40 Esquema de Kasimir Maliévitch da *Cruz*, 1915, e do primeiro *Penetrable* de Jesús Soto, 1967.

—— 41 Panteão, Roma. © Tobias Machhaus.

—— 42 Cenografia penetrável para *Violostries*, de Bernard Parmegiani. Ballet-théâtre Contemporain de Paris, 1971.

—— 43 *Penetrable*, 1990, ferro pintado, alumínio e mangueiras plásticas, 508 × 508 × 508 cm [instalação temporária], Museo de Arte Latinoamericano de Buenos Aires (Malba), 2003. Colección Patricia Phelps de Cisneros.

—— 44 *Planos ambivalentes*, 1981, pintura sobre metal e madeira, 100 × 100 × 17 cm. Coleção particular.

—— 45 *Leño*, 2002, pintura e metal sobre madeira, 37,3 × 19,5 × 21 cm. Coleção particular.

—— pp. 62-63 Jesús Soto em seu apartamento de Paris, 1997. © Ariel Jiménez.

Créditos fotográficos

Rodrigo Benavides, Ariel Jiménez, Tobias Machhaus, André Morain, Mark Morosse, Carlos Germán Rojas, espólio Jesús Soto, Sarah Wells.

Originally published in English and Spanish in 2001 by Fundación Cineros.

ORGANIZAÇÃO DA SÉRIE FUNDACIÓN CISNEROS Gabriel Pérez-Barreiro
EDIÇÃO INGLÊS / ESPANHOL Ileen Kohn e Donna Wingate
COORDENAÇÃO EDITORIAL Ana Carolina Ramos e Charles Cosac
ASSISTENTE EDITORIAL Rafaela Biff Cera
PREPARAÇÃO Maria Fernanda Alvares
REVISÃO Cássia Land
PROJETO GRÁFICO Elaine Ramos e Nathalia Cury
COMPOSIÇÃO Mário Ferraz
PRODUÇÃO GRÁFICA Aline Valli
TRATAMENTO DE IMAGENS Wagner Fernandes

Nesta edição, respeitou-se o novo Acordo Ortográfico da Língua Portuguesa.

Dados Internacionais de Catalogação na Publicação (CIP)

Jiménez, Ariel
Jesús Soto conversa com Ariel Jiménez
Título original: *Jesús Soto in Conversation with Ariel Jiménez/Jesús Soto en conversación con Ariel Jiménez*
Tradução: Vera Pereira
São Paulo: Cosac Naify, 2014
180 pp., 45 ils.

ISBN da coleção Conversas 978-85-405-0625-1
ISBN 978-85-405-0656-5

1. Artes plásticas: Crítica 2. Soto, Jesús Rafael Entrevistas 3. Jiménez, Ariel I. Título

73.7.06-8 CDD 730.06

Índices para catálogo sistemático:
I. Artes plásticas: crítica 730.06

COSAC NAIFY
rua General Jardim, 770, 2º andar
01223-010 São Paulo SP
cosacnaify.com.br [11] 3218 1444
atendimento ao professor [11] 3823 6560
professor@cosacnaify.com.br

FONTES Freight Sans e Freight Text
PAPEL Yu Long Pure 100 g/m²
Impresso na Toppan, China